财富的未来

技术变革时代的新经济体系与价值重塑

お金2.0

新しい経済のルールと生き方

[日] 佐藤航阳 著

殷雨涵 译

中信出版集团 | 北京

图书在版编目（CIP）数据

财富的未来：技术变革时代的新经济体系与价值重塑 /（日）佐藤航阳著；殷雨涵译. -- 北京：中信出版社，2021.6（2022.3重印）
ISBN 978-7-5217-2921-4

Ⅰ. ①财… Ⅱ. ①佐… ②殷… Ⅲ. ①技术革新－作用－经济体系－研究 Ⅳ. ① F20

中国版本图书馆 CIP 数据核字（2021）第 042649 号

お金 2.0 新しい経済のルールと生き方（佐藤航陽著）
OKANE 2.0 ATARASHII KEIZAI NO RULE TO IKIKATA
Copyright © 2017 by SATO KATSUAKI
Original Japanese edition published by Gentosha, Inc., Tokyo, Japan
Simplified Chinese edition is published by arrangement with Gentosha, Inc.
through Discover 21 Inc., Tokyo.
Simplified Chinese translation copyright © 2021 by CITIC Press Corporation
本书仅限中国大陆地区发行销售

财富的未来——技术变革时代的新经济体系与价值重塑

著　　者：[日] 佐藤航阳
译　　者：殷雨涵
出版发行：中信出版集团股份有限公司
（北京市朝阳区惠新东街甲4号富盛大厦2座　邮编　100029）
承 印 者：北京诚信伟业印刷有限公司

开　　本：787mm × 1092mm　1/16　　印　　张：11.5　　字　　数：118千字
版　　次：2021年6月第1版　　印　　次：2022年 3 月第 4 次印刷
京权图字：01-2020-5529
书　　号：ISBN 978-7-5217-2921-4
定　　价：58.00元

版权所有 · 侵权必究
如有印刷、装订问题，本公司负责调换。
服务热线：400-600-8099
投稿邮箱：author@citicpub.com

前　言

进入2017年之后，我们愈加频繁地见到金融科技、比特币、共享经济、评价经济等词汇。现在发生的基本都是“金钱”和“经济”相关的大变化。这也是我创业之前一直在思考的主题。

在互联网诞生之初，人们捕获“信息”的方式迅速改变。由于谷歌搜索引擎的出现，我们只要在搜索栏里输入关键词，就能获取来自全世界的信息。后来由于脸书（Facebook）等社交平台的出现，人们得以经常在网上互动。“信息”的获取方式、“交流”方式在这20年间发生了巨大变化。

现在，“经济”的运行方式正在改变。

金钱和经济的运行方式发生变化，与之连动的工作方式也会发生变化。现在虚拟货币的市值已经超过20万亿日元，日本的大公司也逐渐解除了禁止员工从事副业的禁令。社交网站（Social Networking Services，SNS）上出现了大批影响力巨大的“网红”，由此产生了所谓的评价经济，并引发讨论。这些现象都加速了经济运行方式的变化。

但经济运行方式会发生怎样的变化呢？会朝着什么方向变化呢？大概很多人对此感到困惑和担忧。本书将给大家介绍21世纪的“新经济”是什么样的，以及“新经济的融入方式”。

本书介绍现代经济和金钱的起源及其机制，以及它们随科技发展产生的变化。为弥补资本主义的缺陷，本书提出了以价值为中心的“价值主义”观点。越来越多的人认为资本主义存在问题，但很少有人指出资本主义的问题到底在哪里，以及如何解决。

过去大家一直觉得资本主义虽然不是最好的经济制度，但相对而言效果较好。现在可能出现了优于资本主义的制度，这就是价值主义。我将基于真实案例，对价值主义进行说明。

首先，我想解释一下我为什么想写关于金钱和经济的书。

1986年我出生于日本福岛县。福岛因为地震与核电站而闻名于世，但对于生于斯、长于斯的我来说，福岛只不过是没有什么特色的乡下而已。

我的原生家庭完全称不上富裕，单身母亲独自抚养我们兄弟三人。最困难的时候，全家4口人的年收入只有100万日元。那时一家人是如何生存下来的，现在想来常常觉得不可思议，但当时就是这种艰苦的生活环境。

到了小学高年级，我开始注意到别的小孩家里有的东西，我们家都没有。为什么我们家就没有“钱”呢？在很小的时候，就有很多事情让我意识到金钱的问题。

现在我之所以不怎么回老家，就是因为当时的家庭生活并没有给我留下美好的记忆。

当时我单纯地觉得，出生在有钱家庭的小孩会有很多机会，没钱家庭的小孩能够选择的道路就很少。

“人生来就是不平等的吧？”

当时的疑问对我今后的人生产生了巨大的影响。

同时，我感觉自己的人生从出生时就注定被失败所束缚，因而觉得愤愤不平。

“从出生时就注定失败的人生，我怎么能够忍受呢？”我十分愤怒，下定决心，假如命运真的存在，我一定要全力反抗。

因此，我非常想要证明：“不管处在什么样的境遇中，人都能成为想要成为的人。”这个信念成为我生存的动力。

这一切的根源——金钱——到底是什么呢？现在社会常见的制度——资本主义——到底是什么呢？我开始对这些东西产生了疑问。

从那之后，我就开始思考现在运行的社会制度是不是最好的，未来是不是无法建立更加优越的社会制度了。

高中毕业之后，我来到东京。当时我期望从事能够建立和完善社会制度的工作，想去做法务工作。但当时司法制度改革，要求从事法务工作的人员至少要研究生毕业。

“我连大学四年的学费都没有，想再上两年研究生，太不可能了。”

但当时我的想法还很乐观，想着“如果用两年时间通过司法考试，就立刻从大学退学去从事法务工作”。而对于大学都无法从容毕业的我来说，再继续上两年研究生，一共六年的学业实在是很难完成。

大学刚一入学，我的理想道路便出现了障碍，我当时对于未来非常迷茫。那时的我开始意识到自己必须转变事业的方向。

“虽然金钱能否决定人生这件事还没有定论，但我以没钱就没法从事的职业为目标，这本身就是矛盾的吧？这种社会制度实在是太让人气愤了，我要去做能够改变这种社会制度的工作！”

大学一年级的夏天，当我产生这种想法之后，便转变方向，选择了自己创业开公司的道路（后来我从大学退学）。从那之后，我就狠下苦功，想要揭开一直对自己人生产生影响的“金钱”的真面目，用自己的双手建立比现在更好的社会制度。

从那时到现在，我在公司的日常经营中不断接触金钱和经济事务。

书本中学来的知识、经营实务中获得的体验、公司数据中得出的结论，都给我各式各样的启发。

同时，我也终于认识到自己对于金钱和经济曾经是那样一知半解，拘于偏见而一叶障目，不见泰山。

通过公司的日常业务运营、资金管理，我真实地了解到金融和经济的运行规律，也能从组织管理的视角学习到赚钱的行动原理。

从公司业务的庞大数据中，我找到了人们为什么会付钱以及什么时候会付钱等问题的答案。

后来公司上市，我通过亲身体验真正理解了什么是资本市场。

经常有人问我，为什么公司要上市（因为即使公司不上市，也能够继续经营发展）？我认为，如果想理解金钱和经济，就无法回避金融的中心地带——股票市场。

资本市场的外在形象和身在其中实际体验到的状态完全不同。在这个市场中，我得到了太多启发，而原本我对资本抱有负面印象。

曾经我认为资本市场是欲望的名利场，没有实际价值。但那只是因为过去我的理解太过浅薄，资本市场实际上是经济可持续发展的必要体系。我们可以把今天这样的制度理解成金融发展、人类欲望等各种因素整合之后运行优化的结果。

从参与者的角度来看，这是一种非常好的制度，但同时也存在一些问题。在我创建“时间银行”（Time Bank）这项新业务时，这个体验就得到了应用。

在这一连串的亲身体验后，原本对金钱抱有负面印象的我恍然大悟，对金钱了解得越多，便对它越感兴趣。

我先是设立某种假设，然后通过实际业务进行检验，再发现下一个相关假设。在这个不断重复的假说检验过程中，我获得了在大学里学习不到的知识。

自2015年起，“金融科技”（Fintech）这一概念就逐渐在全世界蔓延开来。2016年下半年，比特币等虚拟货币迅速普及。2017年虚拟货币的资金筹措手段“首次公开募币”（Initial Coin Offering，ICO）兴盛起来，所有人都知道金钱和经济领域正在发生巨大改变。

在本书中，我既不想介绍金融科技、比特币等技术的最新趋势，也不想介绍最新的金融工程、经济学理论（媒体和大学老师已经对此做了很多介绍，可以参考）。另外，这本书也不是供迷茫人士进行自我启发的读本，更不是提高工作效率的生活思考类书籍。

我写这本书的目的是让大家理解“金钱和经济到底是什么”。我想让读者了解金钱和经济的真面目，然后在理解的基础上使用金钱，解决大家所面临的金钱问题。

大多数人的人生烦恼可以分为三种类型。

一是人际关系，二是健康，三是金钱。

有些人因为金钱使得人生道路变窄或日常生活艰难，我希望能够帮助这些人摆脱困境。

我想尽量帮助那些和我从前处境相似的人，因而我会把现在我想要告诉从前的自己的那些事情，毫无保存地写出来。

虽然我平时主要从事企业经营，但与金钱相关的问题我一直思考了15年。那些希望自己能够早一点知道的道理，我要把它们写成文字留存下来。这大概是我最后一次以金钱作为主题来写书。

当大家都能够理解金钱和经济的运转机制，并熟练驾驭金钱时，也许人类就能从对金钱抱有不安、恐惧、焦虑等情绪中解放出来。

那将促使很多人不再透过金钱的有色眼镜来看世界，而能重新看待人生，转而去思考“自己为什么会出生？真正想要做什么？”这种本质的问题。

曾经，电的发明让人类的生活发生了极大的进步，医学的发展救治了很多病人，人人平等给一个人的人生带来众多的可能性。

我相信“金钱”“经济”同样还处于发展的过程中，人类的未来必将与现在大不相同。至少，因为金钱而终日焦虑、害怕的生活状态，将有望在我们这一代人终结。

写作本书时，我一直注意尽量不使用专业术语。因此IT（信息技术）、金融相关领域的专业人士可能会觉得有些无趣，敬请包涵。

我希望越来越多的读者读完本书之后，能够熟练使用金钱、经济领域的各种工具，实现自己的梦想。

目　录

1 第1章 / 001
金钱的真面目

2 第2章 / 065
科技改变金钱

3 第3章 / 091
从资本主义到价值主义

4 第4章 / 137
从金钱中解放出来的生活方式

5 第5章 / 153
正在加速的人类进化历程

结　语 / 169

第 1 章

金钱的真面目

决定未来的三个矢量

在企业的经营过程中，我学到最多的便是世界如何运转的相关力学。后来我逐渐意识到，不仅在企业经营领域，各个领域的成功人士都具有这种平衡的意识，无论他们自身能否感知到这一点。说法、名称或许不同，但他们头脑中基本都有着类似的认知结构。

这种结构便是现实生活中并存着三个不同的矢量，它们彼此影响，共同决定着未来的方向。当然，现实中存在无数要素，往往更加复杂，但我们只聚焦其中影响力最强的三个要素，那就是“金钱”“感情”“科技”。

金钱（经济）

三个要素中最强大的就是金钱（经济）。除了生活在亚马孙热带雨林深处、过着自给自足生活的民族之外，地球上几乎所有的人都无法逃脱市场经济的影响力。现实中可以说经济就等于金钱。

我们为了生活需要赚钱，一半的人生都在为了赚钱而工作。金钱和生存直接相关，所以它的影响力非常大。经济结构的大前提是“弱肉强食”，更强大的事物会抢夺更弱小事物的资源。经济活动便是“战争”，它一直在反复淘汰，展开食物链游戏。

让人感到不可思议的是，学校里居然不教授有关金钱的学问。虽然大学、研究所等机构会教授学生有关经济、经营的相关知识，但我感觉那些内容并没有讲述“金钱”的本质。我只好认为，学问之所以无法与实际社会生活能力融会贯通，是因为两者就像篮球和棒球一样，是规则不同的竞技活动。

感情（人类）

影响力第二位的便是感情（共鸣、嫉妒、憎恶、爱意等）。没有任何一种思想能够得到全人类的共鸣，但一定有些思想在集团形成的过程中发挥了作用。从这一意义上来说，感情的影响力虽然逊于金钱，但仍然非常强大。

人类总是羡慕、嫉妒别人，也会与他人产生共鸣，还会牺牲自我献身理想。一个人不管在经济方面取得多大的成功，如果无视他人的感情，那他的成功就无法长久持续下去。无法得到社会共鸣的企业，也会逐渐失去支持者而最终走向灭亡。

金钱的影响力的确很强，但若无视人的感情，这种影响力也将无法持续下去。

科技

科技是人们没有足够重视的一个因素。99.9% 的人即使不考虑科技因素，生活也完全没有问题。

但科技一直都是能催生社会大变革的契机。自然界和人类并不随时代而改变，只有科技是个瞬息万变的“问题儿童”。

另外，科技还具有一定的延续性，一项发明能够连锁引发下一项发明。这些发明创造就像地壳一样层层重叠在一起。例如，近来人工智能的发展源于互联网接入设备和数据的大量应用，而电脑可以说是半导体、电力等多项技术革新的结果。最近科学技术的影响力正在逐渐增强。

在不同机制中运行的三个要素向着各自不同的方向前进。把这三个矢量的顶点连接起来形成一个三角形，三角形的中心就是“现在”，它运动的轨道就是“未来”的方向，如图 1.1 所示。

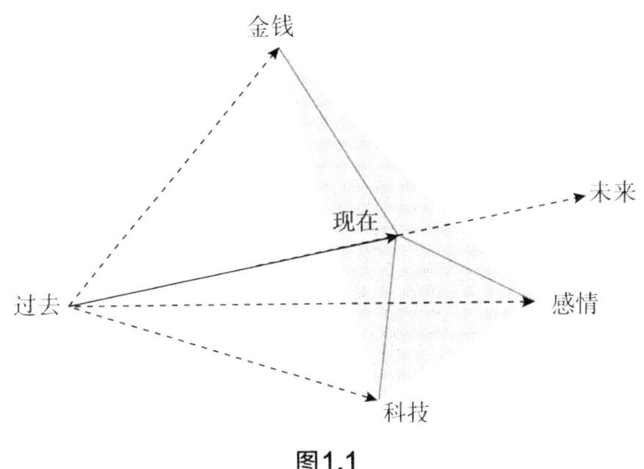

图1.1

在这三个矢量中，金钱的拉力最强，其次是感情，最后是科技。但如果三者不能统一，现实将无法良好运转，这便是矢量关系的特征。

比如，我们已经见过很多无视他人感情、只追求经济扩张直到最后崩溃的例子。与此相反，一个项目即便得到了很多人的共鸣，但如果不能产生足够支持相关人员生活的经济价值，长此以往人们还是会离开。因为所有人都需要保障最低限度的衣食住行。

同样，如果无视人类的情感伦理，即便是极具实现可能性的科技，一般来说也难以普及。始终找不到经济价值、社会价值的一些研究项目，最终预算被削减也是家常便饭。

这三个矢量可以比作学校里的体育、数学、美术三个科目，但金钱、感情、科技三个要素彼此联动形成一个结果，所以理解它们的运行比较费力。一个要素就很复杂，更何况这三个要素还具有互相依存的关系，因此理解起来更加困难。

竹中平藏[①]和我交谈时曾说过“这个世界是一个联立方程式”，我觉得这个比喻非常恰当。随意改动其中一个数字，整体都会受到影响，若干个公式联动才能得出一个答案。他的说法比我的更加清晰明了，还有画面感。

---

① 竹中平藏，日本经济学者，小泉纯一郎经济改革的重要推动者。

本书的主题虽然是金钱和经济，但我相信随着阅读的深入，读者能够明白这三个矢量都很重要。我们就先从金钱矢量开始介绍。

激变的金钱和经济运行方式

相信各位读者已经多次听过Fintech这个词语了。Fintech是英文单词finance和technology的组合词语，专指金融行业因IT等新科技的发展而产生的颠覆性变化趋势。与之相伴的还有智能投顾、比特币、区块链、云基金等各种专业用语。

但作为主要从事这一领域的人员来说，我感觉这个词语是生硬地把两个完全不同的现象毫无章法地拼凑在一起。为了论述更加清晰，在此我将两种现象区分为Fintech 1.0和Fintech 2.0。

Fintech 1.0

简单来说，Fintech 1.0就是在原有的金融概念上，利用IT技术最大化地提高业务效率。它并不涉及结算、投资、融资、保险、会计等近代形成的体系内核。Fintech 1.0的核心是利用智能手机、大数据等手段提高业务效率、拓展新型营销模式。它的内容全部都是现有金融体系的延伸，金融机构所说的Fintech几乎都是指这种1.0版本。如果向当下的金融机构职员询问一下他们公司的商业模式，立刻就能理解什么是Fintech 1.0了。

典型的Fintech 1.0应用就是利用人工智能调整投资策略的智能投顾、智能手机终端结算和网络众筹的云基金。它们都是利用现有技术提高效率的一些应用，只听名称就能大致明白这些应用是怎么回事儿。

Fintech 2.0

Fintech 2.0和1.0完全不同，它抛开近代形成的金融体系，完全从零开始构建了一套新体系。很多公司想要创造新概念，因此即便是金融知识丰富的人，也很难理解Fintech 2.0的这些概念。由于很难把通货、结算、投资、融资等嵌入到现有体系中进行判断，因此在看见一个新公司或概念时，很难用一句话解释清楚。

典型的例子就是比特币。虽然比特币被称为“虚拟货币”，但它并不符合一般意义上对货币的定义。首先，它不像美元、日元一样由国家发行。其次，它也不像乐天积分一样有管理者。然而，比特币还是形成了一种体系。要想完全理解比特币，不仅需要掌握通常的金融知识，还需要对博弈论、密码学、点对点网络等概念有深刻的领悟。

本书探讨的主题是Fintech 2.0，它具有从根本上改变社会基础的潜能。但Fintech 2.0与现有的社会常识相差太大，容易被当下经济领域的主流人群所怀疑。而这正是Fintech 2.0作为一种全新的社会范式的佐证。

本书将按照以下顺序进行介绍：先是金钱和经济系统，然后是科技导致的经济变化趋势，最后讲述我们生活所发生的变化。

什么是金钱

在介绍资本主义之前，我们先来探讨一下什么是金钱，以及为什么会出现金钱。

金钱即货币，是为了让“价值”这种抽象的东西便于交易而出现的，具有保存、衡量、交换价值的作用。

最初货币是为了弥补物物交换的不便发展而来的。由于食物容易腐烂不便于长途运输，因此出现了找到价值交换媒介的必要性。时代不同，交换价值的媒介也不同，有时是贝壳，有时是金属，有时是纸。

有了他人必需的资源就先暂时将其换成钱，等自己需要其他东西的时候，立刻就可以拿钱去换。这样一来，不用担心金钱腐烂，而且它重量轻，便于携带。现在发现的世界上最古老的钱是公元前1600年左右使用的贝壳。因此，早在资本主义兴盛之前，货币就已经存在于人类社会了。

以金钱为中心的资本主义

金钱拥有悠久的历史，但过去它的存在感可不像现在这样强。随着时代的变迁，人类有时尊崇神灵（宗教），有时尊崇王侯（身份）。

在距今300年前的18世纪左右，金钱开始走到人类社会的前台。从那时起，社会的变化速度开始急剧加快。

此后，人类社会发生了若干次革命，自由、平等等概念普及开来，每个人都可以自由地选择自己的人生。

同时，工业革命的发生使得社会生活的中心从农业转移到了工业。人们大致被区分为提供劳动价值获得金钱对价的劳动者和利用金钱这种资本并拥有工厂的资本家。

资产阶级革命削弱了贵族等身份的影响力，增强了建立工厂等所需的资本本金的重要性。

在那一期间，权力的重心从身份转移到了金钱，金钱作为主角光明正大地登上了社会生活的舞台。

从那一时期开始，人与金钱的关系发生了剧变。

最初，金钱只是价值的“搬运工”。

但当金钱成为社会经济活动的中心之后，有人开始意识到，找到“钱生钱”的方法比提供价值赚钱更有效率。比起通过雇用工人、生产产品、销售产品赚钱来说，从金钱中赚取金钱要轻松得多。现在金融市场的巨大规模证明了这一点。

本来只是作为价值交换中介工具的金钱开始从价值体系中分离出来。

资产证券化等机制的诞生，让金钱变身为金融产品被出售，这些趋势不断加速。随着资产证券化时代的来临，金钱可以说已经完全脱离了实体经济。

最初作为提高价值交换效率的手段而诞生的金钱，最终演变成了以自我增值为目的的产品。

考虑到金钱在资本主义体系中的重要性，这种转化的过程几乎是必然的趋势。

现代社会里没钱寸步难行。没钱，没法买食物，没法交房租。公司里赚钱多的员工也更容易得到好评，更容易升职。赚钱与生活质量直接相关，多赚钱的好处巨大，因而几乎所有人都把焦点放在了如何赚钱上。

中央银行体系

那么，金钱是从哪里产生的呢？

现代社会多由国家管理的中央银行负责发行货币。比如日本是由日本银行负责。

很久以前也是这样吗？实际上并非完全如此。由国家管理的中央银行是从近代才开始负责发行货币、调控国家经济的。

全球最早的中央银行是大英帝国（现在英国）的英格兰银行（Bank of England）。1694年，英国政府为筹措英法交战的经费而设立英格兰银行。

最初，英格兰银行只是由政府相关人士和贵族发起的大型民营银行之一，大致相当于日本的三菱东京日联银行或瑞穗银行。

当时各家银行还会发行银行券，用作存款证明并各自流通，类似现在的各种虚拟货币。英格兰银行发行的银行券也不是国家法定货币，只是大银行发行的一种证明文书。

直到1833年，英格兰银行发行的银行券才被认定为法定货币。1844年英国政府颁布银行法案《比尔条例》（Bank Charter Act），将英格兰银行变为国有。从此，国家设置中央银行调控国家经济的体系正式诞生。

美国和日本见此情景，开始学习英国引入中央银行体系。从此，各国都建立起中央银行制度，逐渐形成现在的金融体系。

20世纪初，大概有18个国家设立了中央银行，1960年达到50个。现在，世界多数国家都已经建立了中央银行体系。

如此回溯，中央银行体系的普及只发生在这短短的100年间。我们很容易陷入一种错觉，认为中央银行体系已经存在了几千年之久。但实际上从人类历史来看，中央银行体系是近代才普及开来的一种新体系。而由中央银行发行货币、调控国家经济的标准模式其实只有100年左右的历史。如果在100年后，虚拟货币、区块链等新体系变成标准模式，相对而言也并不是出乎意料的事了。

虚拟货币是镜中花吗

最近对经济产生较大影响的应该是以比特币为代表的虚拟货币。

我相信本书的读者都已经对比特币有了比较多的了解，在此我仅补充一些相关说明。比特币是一种去中心化的虚拟货币，它是由网名为中本聪的创建者在2009年利用区块链技术发明的。

区块链技术把一定期间的数据记录成一个区块，并用链条连接起来，因此整个网络都能够保存交易记录，第三者难以篡改。

后续我们还会提及，比特币是一种不需要中央管理人的点对点网络，它设计了非常优秀的参加者奖励机制。

随后出现了各种模拟比特币的虚拟货币，创建于2009年的虚拟货币市场的整体市值截至2017年已经接近20万亿日元。

对于处在风口浪尖上的虚拟货币，人们的评价出现了两极分化。

社会上普遍出现了两种论调：一种认为虚拟货币是变革金融体系的“革命性技术”；另一种则认为它非常可能是诈骗活动。

由于相关法律法规并不健全，的确出现了很多打着虚拟货币幌子的诈骗分子和怪人。网上也有很多人以“一夜暴富”为噱头引诱他人参加学习小组、骗取比特币。

但了解现有金融体系的那些人对虚拟货币的评判并非一针见血。有人说“比特币、虚拟货币不能成为货币”，也有人说“没有中央管理人，不能算是货币”，甚至还有人说虚拟货币“不符合货币的定义”。

虽然名称中带有“货币”，但虚拟货币和法定货币是运行规则完全不同的两种体系。根据法定货币的定义、推演来讨论虚拟货币的问题是没有意义的。这就像讨论规则完全不同的棒球和足球一样，两者的规则不一样，足球不是棒球，所以类似这种讨论是没有意义的。

虚拟货币和法定货币看起来类似，实际上是完全不同的两种体系。两者可谓互为镜像，乍看很相似，但运行规则完全相反，没法嵌入同一个体系。

我在讨论现在的经济和虚拟货币等新经济时，也经常用“这一种”和“那一种”的说法来区分，就像在大脑里转换开关一样。如果没有这种意识，很容易把两者放到同一个体系里考虑。如果不能把这两者区分成像棒球和足球那样完全不同的体系，我们就无法正确认识眼前发生的事情。

新事物出现时，如果我们已经具备了相关的行业知识，就会倾向于把这种新事物嵌入已知的行业认识体系中。但这种行为非常危险。连当下金融领域的专业人士都很难理解虚拟货币，对金融领域一无所知的年轻人、普通人自然更难以接受使用虚拟货币。

具备金融知识的人应当暂且把已有的知识储备搁置一边，将虚拟货币、区块链等新技术理解成一种在全新规则下运行的新体系。

通过大数据窥知的经济系统结构

后续我们还会讨论经济系统的建立方式。在那之前，我们需要解读一下经济系统本身。在经营公司的过程中，我一直在不断研究经济体系及其运行方式。

首先，我简单介绍一下自己的一家公司Metaps现阶段主要的三项业务。

第一项是以大数据分析和利用为主的企业营销支持服务。通过分析客户App、官网的用户数据，我们来判别用户如何使用客户公司所提供的服务，怎么做才能让用户更加热衷使用客户公司的产品和服务。此外，我们还会向企业提出各种改善建议以提高营业额。

我们的公司在中国、韩国、新加坡等亚洲国家都设立了办事处，向全世界的App开发人士提供营销支持服务。到目前为止，公司已经分析了超过2亿智能手机用户的行为和每年数千亿以上的购买行为数据。全世界营业收入排名最高的App大都是我们公司的客户。

第二项是网上交易结算业务。我们为网购时使用信用卡或在便利店结账等提供结算的后台支持。这项业务每年处理的资金规模达到数千亿日元。可能大家没有注意到，比特币等虚拟货币交易所的资金转入、结算的基础设施，很多用的也是我们公司的系统。

第三项就是利用上述两项业务所获取的知识和积累向普通消费者提供的服务。我们后面提到的买卖时间的 App“Time Bank”就是这种类型。

此外，公司的研究开发部门也会收集各种数据并从多个角度进行分析。

根据获得的这些数据和知识，我们研究了人们会付钱的原因，以及好的公司都有哪些共同的特征。

不同于大学的研究所，经营网络公司的好处在于通过日常经营和服务就能够接触到庞大的数据，并实时进行理论检验。理论方向如果正确，公司就会迅速发展；如果不正确，公司立刻就会失败。

因为是自己在经营公司，所以我认为理论如果没法在实务中再现，就不能说真正理解了事物。

不管是在考试中得满分，还是成为学术界的权威，理论研究如果没法在实际社会生活中再现，没法利用，那就只不过是停留在事物的“表面”。我认为，只有在现实商业中熟练运用，理论研究才能算是真正达到目的。

“空头理论”在实务世界中无法通用，有成果产出才能成为可利用的知识产权。

在此前提之下，我们分析了庞大的多达几亿人的行为数据和资金流向，探索出其底部的普遍机制；然后建立假设，在日常经营中不断检验，在这个过程中不断推进和更新研究结论。

我们的研究发现，那些看来完全不同的各种公司、市场、组织底层，都有一种普遍性结构。令人惊讶的是，即便改变样本范围，许多事物也同样适用于这种系统。

下面我要介绍的就是在事物底层发现的经济特征和机制。

这种特征具有普遍性，但比较抽象，因此我尽量用具体例子来进行说明。

经济是一张“欲望网”

经济就是网络。

人与人之间形成一张巨大的网络，金钱沿着这张网络在人与人之间流动。

这张网络的构成因子是人，而驱使人的是各种欲望，经济就是一张以个人欲望为基点的激励网络。

时代不同，人的欲望也会发生微妙的变化。但现代社会，人的欲望大致可以分为三类：本能需求，金钱需求，认可需求。

本能需求就是衣食住行、吸引异性、关爱家人等生物的根源性需求。金钱需求就是赚钱的需求。认可需求就是自身在社会中得到认可的需求。

与本能需求相比，金钱需求、认可需求出现的历史都很短暂。

人和人之间时常建立新关系，又或者中断已有关系，整个网络经常反复重组，因而经济具备流动性。这种动态网络具有两个特征：极端失衡，不稳定性和不确定性。

极端失衡

经济是欲望的动态网，这种网络会自动产生偏差。

我们做选择时，往往会选择多数人支持的选项。比如，我们在便利店买牙膏或是选用App时，选择大多数人使用的东西一般不会错。

商店进货也会以之前热卖的商品为主，并把热卖商品摆放到货架的显眼位置，因此商品会进一步热卖，如此反复循环。这就导致受欢迎的商品会更加受欢迎。

最终，顶端和底部会产生极大的偏差。一般所说的“二八法则”在这种经济动态网络中是自然发生的现象之一。

我们一般认为，贫富差距是由于特权阶层贪图暴利所形成的，但实际上，这是经济网络的动态性所决定的，无法避免。

全世界最顶尖的富裕阶层拥有全世界48%的财富，最富有的80个人所拥有的财富总和几乎与全球最贫穷的35亿人拥有的财富等同。

不仅收入如此，消费也呈现出“二八法则”。我们熟悉的社交游戏同样适用于这一法则。在一款免费游戏中，只有3%的人会付费购买游戏中的部分收费道具；而一般来说，这部分用户最靠前的10%的客户消费又会占到游戏整体销售额的50%（占整体3%用户总销售额的一半）。

不稳定性和不确定性

动态网络还有一个特征就是不稳定性和不确定性在持续增强，这也与极端失衡的特性有关。

如果整体联系过于紧密而互相依存，加之失衡的发生，就会很难预测细微现象会对整体造成什么样的影响，从而导致不稳定状态。

一千年前，遥远国度里发生的事情断然不会影响到自己的生活。

但现在，英国脱欧、美国总统大选都会导致全球外汇和金融市场发生巨变，经济一直都是不确定的，不稳定性持续增强。

这可以说是“过于紧密”的世界的弊端。

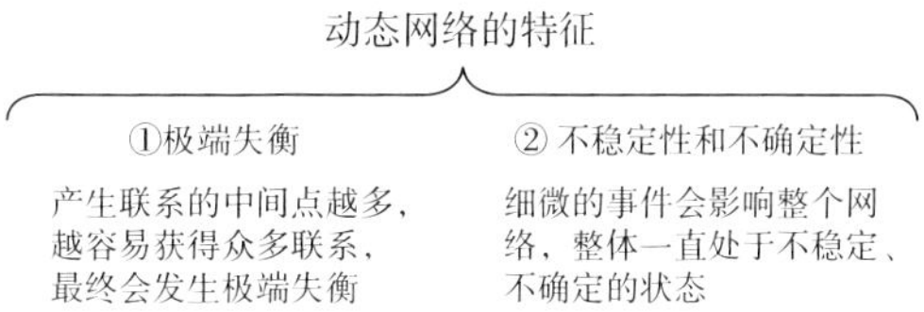

动态网络的特征

①极端失衡	② 不稳定性和不确定性
产生联系的中间点越多，越容易获得众多联系，最终会发生极端失衡	细微的事件会影响整个网络，整体一直处于不稳定、不确定的状态

图1.2

经济可以人为创造吗

至此我已经讲述了自己通过企业经营研究得出的经济特征。

简单来说，经济就是“使人类活动更加顺畅的体系”。

现代货币经济、自由市场经济是经济的一种形态。

很多人觉得经济就是政治家、学者研究财政货币政策时的主题，但实际上只要三人以上进行生活生产活动，就必然存在经济要素。

比如聚集多人进行生产的“企业”也可以算是一种经济系统，工程师研发的“网络服务”、各地区人流聚集的“商业街”、大学生运营的“社团”等，虽然名称各不相同，但都算是一种经济系统。

现在，任何人都可以随意开发一个网站、一个App，向全世界的用户提供网络服务，经济从“解读对象”转变为“创建对象”。

世间的悲剧、不幸大多并不是由恶人造成的，而是因为错误体系在全社会得到大规模推广而引起的。

那些想要使社会的无效、不幸降至最低并创新立业的人，一定要理解事物运转的普遍规律并加以熟练运用，这样才能最快实现目标。

因此，我们必须去接触鲜活的数据，并提炼出能在实际生活中运用的“活技能”。

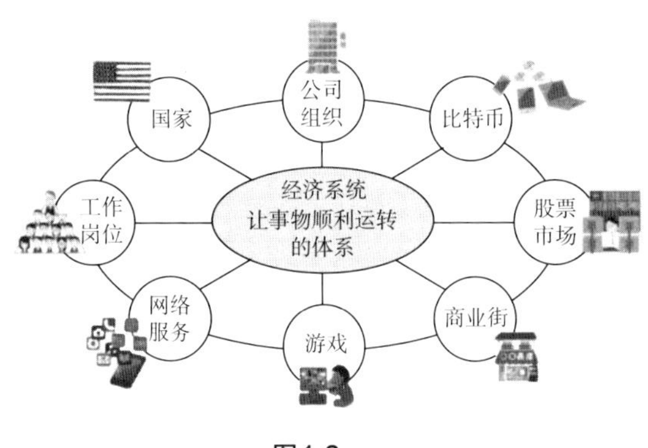

图1.3

接下来，我将介绍我们所练就的可以运用于实际生活的“活技能”。

这大概相当于企业经营者或领导人的公司管理方法、优秀App的开发方法，以及营销拓展或经营企划人员的平台战略技能。

虽然叫作“技能”，但它不是一些小伎俩，而是一种普遍规律。

这种规律具有普适性，大家可以试着把它在自己的生活中对号入座，一定非常有趣。

可发展经济系统的五个要素

我们暂且把“让生产活动顺利进行的体系”称为“经济系统”。

经济系统的大前提是它必须是一个能够自我发展、不断壮大的体系。

如果仅仅依赖于某个人物的拼命努力，这种经济系统一定无法长久运转下去。

优秀的企业、公司不依赖于个人的力量，而是依靠体系本身运转。

脸书（Facebook）的成功不是依靠马克·扎克伯格（Mark Zuckerberg）的拼命宣传，而是依靠它自身优秀的“人拉人”的体系设计。

我们对这种可持续、自动发展的经济系统进行了调查，最终发现了5个共同的要素：①激励，②实时，③不确定性，④等级制度，⑤沟通。

报酬明确（激励）

既然被称为经济系统，自然会有激励机制。如果没有什么报酬（激励）、明确的利益，参与者就不会加入。虽然感觉这个因素没什么特别，但现实中因缺少激励因素而失败的案例占比最大。

那些让人感觉“看起来挺好，就是不太想积极参与”的组织和公司，通常就缺少这种激励设计。

有些激励可以满足人类的生物欲望（衣食住行、繁衍后代的欲望），有些激励可以满足社会欲望（金钱欲望、认可欲望、竞争欲望），有些激励能够同时满足好几种欲望。

比起生物欲望，现代人们的社会欲望更加强烈，在日本所谓的“3M欲望”（日语的“赚钱”“受欢迎”“受到认可”的第一个罗马字母都是M，3M欲望指的就是赚钱欲望、受到异性欢迎欲望和得到认可欲望）最具代表性，能够满足这三种欲望的经济系统很容易就能快速发展起来。

随着时间变化而变化（实时）

经济系统还必须具备能够随着时间变化而变化的要素。

要让参与者知道，情况经常会发生变化，虽然不一定是实时的变化。

人类（生物）在激烈变化的环境中，能够通过保持紧张感来维持高热量活动。反之，在一成不变的环境中，便会缺少紧张感和努力的必要性，就会逐渐丧失机体的整体活力。

运气和实力并存（不确定性）

不确定性要素能进一步展现经济系统的活力。

假如有人能够准确预测未来、了解从出生到死亡的全部人生，他还会去努力生活吗？如果看一部电影，一开始就知道结局，我们也不会感觉兴奋了吧。

我们能通过自己的思考和努力控制“实力”，但我们完全无法控制“运气”。“实力”和“运气”这两种要素完美融合的环境，才可能实现可持续发展。

秩序的可视化管理（等级制度）

大家一听到“等级制度”这个词语，就容易产生负面印象，但在建立持续发展的经济系统时，秩序的可视化管理很有必要。

实际上，在社会中广泛存在的经济系统无一例外都有可视化的等级制度，具有明确的指标作用。

社会上很多事物都能转变成数据来把握，比如偏差值、年收入、营业额、价值、顺序，还有类似身份、头衔等分类方法，处处都体现出阶层、序列。

经济是一种没有实物、只存在于参与者思维中的抽象概念。因此如果没有可视化的指标，参与者不会真正了解自己在系统中所处的位置。另外，指标的存在还能让人更容易掌握自己和他人的距离、关系。

另一方面，这种等级制度一旦被固化，就会失去前面提到的实时（因时间变化而变化）和不确定性（运气和实力并存）的特征，导致系统失去整体活力，可以说是一把“双刃剑”。

因此，占据优势的群体为守住地位，势必要求建立一种强行促进新陈代谢的体系。

设置参与者交流的场所（交流）

经济系统中存在参与者的交流机会也很重要。

人类是社会性生物，会用和他人的关系来定义自己。如果一个经济系统中存在参与者彼此交流、互相帮助和讨论的场所，参与者就能认识到所有人是一个共同体。

由于这一沟通场所的存在，参与者遇到问题时，就可以集思广益，独自无法完成的事情也可以借助他人的力量共同实现。这种要素是让系统内部团结在一起的黏合剂。

著名的古罗马论坛、古希腊广场等城市公共广场都发挥着非常重要的政治、宗教作用。

如今在开发网站、App时，设置用户的交流功能已经很常见了。公司、学校现在也经常举行各种交流活动，以便参与者加强交流。

赋予经济可持续性的两个追加要素

探讨确定性和稳定性时，还要考虑另外两个追加因素。

延续寿命的备用选项

听起来可能不可思议，但要想让经济系统存续时间更长，事先一定要考虑经济系统本身的寿命问题。

就像我们的身体、汽车、电脑一样，我们现阶段所认为的永远运行的完美经济系统实际上是不存在的。

因为经济系统运行几十年、几百年之后，难免会产生阶级固化。

经济是历经几百万次“人气投票”所选择出来的事物，时间愈久，利益便愈发集中于某些特定人群，这是必然现象（反馈结果）。因而人类社会便产生了贫富差距。

长此以往，利益开始滞留于某些特定阶层，因而其他阶层希望新系统诞生的呼声便会逐渐高涨。

另外，人都是喜新厌旧的。长期处在同样的环境中，即便没有什么不满，人们也会向往新环境。

因此，我们不要一开始就想着去建立一种完美的系统，而是事先设定这种系统是有一定寿命的，预先准备几个备用的选项。一旦这个系统寿终正寝，参与者就转移到备用选项里，用这种方式来建立一种稳定的经济系统。

比如商业的平台战略中就经常出现“寿命”的概念。

脸书就是假设年轻用户未来都会离开，所以收购了社交应用WhatsApp和Instagram.

这样一来，即便用户喜新厌旧放弃了现在的产品和服务，也会减少用户流失。

雅虎（Yahoo！）、乐天等大型IT公司也有类似规划，假如用户厌倦了公司的特定网站，还能让用户回游到旗下的其他网站。另外，很多连锁餐饮店之所以开设家庭餐馆、中餐馆等不同类别的店面，也是基于客人有朝一日会喜新厌旧的假设而做出的策略准备。

共同幻想

虽然我们无法建立一种永续的完美经济系统，但可以尽可能延长它的存续期。

此时参与者都具有同样的思想和价值观就显得非常重要。

参与者抱有共同幻想时，经济系统的寿命才能够实现飞跃级别的延长。

参与者对于经济系统的共同幻想，相当于一个国家的伦理和文化，相当于一个组织或公司的理念、美学。

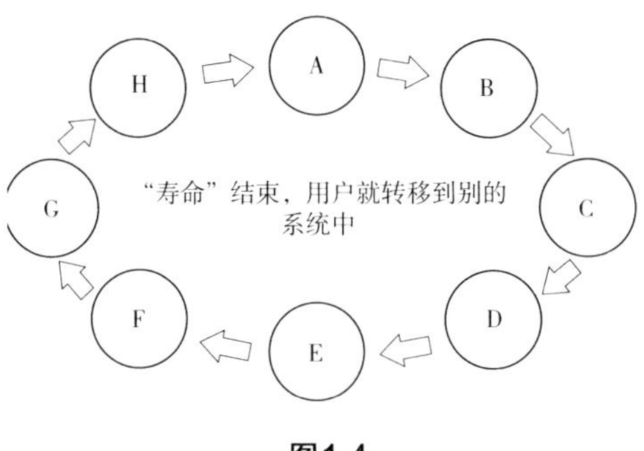

图1.4

经济是所有参与者利害关系交叠的共同体，同时每个个体也是相互竞争的敌对关系。其中自然有狡猾的人、任性的人。如果任其自然发展，就会出现“先到先得”的现象，整个系统就会失去秩序。

在这一过程中，对此感到不满的参与者会逐渐脱离系统，反对者逐渐增加，直到整个系统崩溃。但在这种利害关系发生激烈冲突时，如果参与者有共同的思想、价值观，他们也很有可能找到一个互相让步的平衡点。

苹果公司陷入破产危机时，回到苹果的史蒂夫·乔布斯（Steve Jobs）再次把焦点聚在苹果的品牌价值上。

当时，所有人都知道苹果的产品有很多缺陷，但有一些狂热的粉丝用户感受到了苹果的思想和审美意识，即便产品有缺陷，他们还是继续使用。

一般产品制造商的产品如果有缺陷，根本没法再次吸引用户。但如果用户能够认同公司的价值观，就能够容忍产品的一些失败之处。

苹果因此免于破产。像这种参与者享有共同价值观时，即便发生一些不愉快，也能彼此让步，最终会比仅仅靠利害关系维持的系统要长久。

在此我故意使用了“幻想”这个词语，因为不存在绝对正确的价值观。价值观会随着时代的变化而变化。

如果所有人都感觉一种东西有价值，那它就产生了价值。参与者的共同幻想能让系统实现自我强化。

如果说沟通是一种有弹性的黏合剂，能够世代传承的共同幻想就是一种能够瞬间冻结的液态氮。

反之，所谓的改变世界，就是破坏前一个时代建立的社会共同幻想，并改写为新幻想而已。

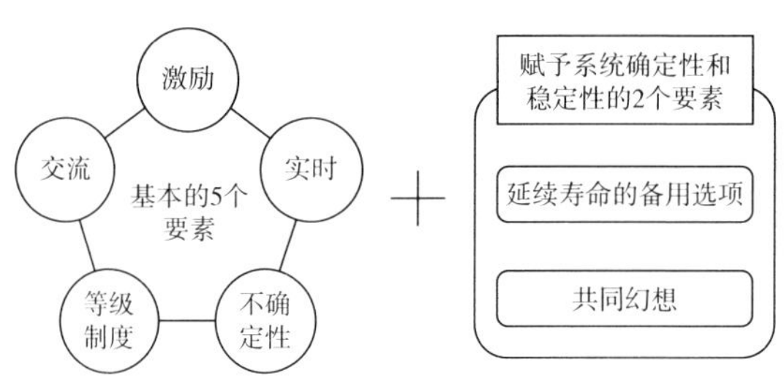

图1.5

国家、货币、宗教、偏差值、学历、经历、年收入、资产、伦理、权利等束缚我们精神和行动的概念，几乎都是人的思维所创建的幻想，这些幻想的效力逐渐减弱，甚至还诞生了新的幻想，并成为人们新的价值判断基准。

比特币“报酬设计”的优越性

完美包含上述这些要素的典型案例就是比特币。

提到比特币，大家很容易去关注它的自由论者思想、区块链等技术面，但让我感到惊讶的是比特币报酬设计的优越性。

很久之前，弗里德里希·奥古斯特·冯·哈耶克（Friedrich August von Hayek）、西尔沃·格塞尔（Silvio Gesell）等学者就有同样的思想。虽然所处的领域不同，但点对点网络、密码技术所蕴含的思想内核都不是新事物。

哈耶克曾经在他的著作《货币的非国家化》（*Denationalization of Money*）中提出“货币发行自由论”，认为国家利用中央银行控制货币会对实体经济产生不良影响，他主张废除中央银行制度，允许私人发行货币。现在我们很难想象，当时并不是一直由国家控制货币的。

哈耶克认为，市场竞争能发展出健全、稳定的货币系统。

对于熟悉经济学的人来说，比特币就是体现了哈耶克这一思想的一种体系。

哈耶克1899年出生于奥地利维也纳，他博学多才，精通经济学、政治学、哲学等多个学科领域，并获得了诺贝尔经济学奖。哈耶克认为像集体主义、计划经济这种由国家控制经济和社会的想法，只不过是人类的一种傲慢，他崇尚自由主义。

另外，德国经济学家西尔沃·格塞尔在其著作《自然的经济秩序》（*The Natural Economic Order*）中指出，自然界所有事物的价值都随着时间流逝而逐渐减少，只有货币价值不但不减少，还会产生利息而增加价值，他认为这是货币的一种缺陷。为解决这一问题，他提出了价值随着时间流逝而减少的“自由货币”（邮章货币）。

在一定期间，纸币上如果不贴上一定额度的票据，纸币就没法再使用了，这一体系可以说是引入了和利息完全相反的概念。这种方法能防止货币滞留，强行促进经济新陈代谢。实现方法虽然不同，但这一概念和托马斯·皮凯蒂（Thomas Piketty）提出对拥有资产的行为征税的资产税概念相近。

但与其他的学术思想、新技术有所不同的是，比特币设计了明确的报酬制度，规定这一系统的参与者做什么可以得到什么利益。

用“利益”召唤矿工、投资者（投机者），用区块链技术吸引技术人员的兴趣，用“自由论者思想”号召全社会参与进来，以此强化整个比特币系统。

比特币是一种过于强调激励、最终会崩溃的虚拟货币，是一种获益者并不明了的新技术。它是一篇重视理论但从一开始就注定实现不了的思想论文。它一旦面世，便会消逝，注定是时代的消耗品。

但比特币在经济、科技、思想和功能上都有着良好的报酬设计。

另外由于它是开源代码，如果哪天比特币系统消亡了，参与者很容易就可以转移到别的虚拟货币系统中去。

最终，比特币的参与门槛由此降低，系统风险得以分散，所有虚拟货币形成了稳定的市场。

目睹了比特币的发展过程，我感觉比特币的设计者不是“理想主义者”，而是“现实主义者”，他想建立的是一种无论在什么条件下都能运转的东西。

他将技术、思想、报酬设计作为普及手段，建立了一种新的体系，并加以推广（就像项目工程师一样）。

从中我感觉到了一种现实主义者的“强势”，这在小而美的“思想论文”中是不存在的。比特币的系统设计实在过于精巧，我不由生出一种嫉妒之情。

经济系统的利用

之前我们已经介绍了稳固的经济系统所必需的5个要素，但都是一些抽象的概念，接下来我将结合身边的事物给大家举例说明。

公司的“组织管理学”、互联网公司的“平台战略”“社区战略”等，虽然名称各不相同，但原理都是一样的。大家不要拘泥于学术上的细微区别，一定要亲身体验并理解其根源上的共通机制。

在最初创建公司、制作产品时，并没有这种经济系统化考虑问题的必要。

所有公司、产品都是因为存在明确目的、需求才成立的。即便不具备复杂的经济机制，初始阶段也能充分运转起来。

但在信息化、全球化的浪潮中，世界越来越复杂。资本主义的发展导致社会整体上变得富裕。如果从单纯满足需要的角度来讲，社会现在已经陷入供大于求的局面，已经无法形成经济系统。

可持续发展组织的条件

我们先举一个大家最熟悉的、与现在的资本主义经济密切相关的例子，那就是公司。

公司是由很多人构成的集合体，大家团结一心，努力实现同一个目标，还从公司领取工资。这是一种以工资作为报酬的典型经济系统。

曾经设立公司是为了提高生产活动效率。除此之外没有任何意义。

但是，在资本主义社会发展的过程中，公司开始发挥一些除生产活动之外的社会功能。公司员工的需求除了单纯地领取工资，也开始追求价值、稳定性等。

今后，公司能否为员工提供愉快且富有干劲的工作环境，也就是体系设计的优劣，将变得非常重要。

我们试试看能不能将前面讲过的经济系统的要素在公司这个体系里对号入座。

是否设置了明确的报酬

原本公司就支付给员工工资作为劳动对价，因此从一开始公司就具备最低工资标准，这就是一种报酬设计。

但现代社会人们除金钱之外的需求逐渐提升。自己在公司的工作能否得到社会认可，年轻人能否得到异性的好评，这些因素也很重要。

不仅仅是外部因素，内部因素同样重要。员工在公司内部能否得到同事、上司的认可，能否得到好评，能否得到精神上的鼓励与回报，这些制度设计也非常重要。

随着时间变化而变化

市场不断发展，变化剧烈，职场环境每天都会发生无法预测的事情。在因为自己的努力、判断有可能导致结果大不相同的环境中，感觉到紧张、刺激的人就会增加。

不确定性

还有就是因为很大的不确定性，公司会迸发出活力。投行、媒体、IT业等由于行业环境变化剧烈，难以预测，即便公司在这方面不做什么努力，也因为行业环境天生具备这样的特性。

等级序列

等级序列也一样。如果不管工作是否努力，每个人的工资、待遇都没有差别，当然没人愿意去努力工作。

和成果相对应的工资、等级，能够让等级序列实现可视化管理。

很多追求销售额的公司，会把目标数值、竞争对手比较、个人成绩等数据张贴在办公室的墙上，让所有人都看见，每天（有时实时）都会更新。这种做法看起来很土，实际上非常有效。这些可以进行比较的、明确的数字能让所有人意识到等级序列，每个人都能获得积极工作的动力。

交流

沟通是人事部门一直努力的领域。很多人都觉得参加部门聚餐、公司年会非常麻烦。

但实际上，这种交流场所对一个组织来说非常重要。即便是聊些和工作无关的话题，员工之间也能够变得更加亲密。工作出现麻烦的时候，员工可以轻松地和同事打个招呼或互相帮助。

公司员工的交流机会越多，企业的一体感就会越强。

在公司的经营过程中，我发现在一块吃吃喝喝、玩玩闹闹的人，越容易建立深厚的友谊。

共同幻想是我追加的第一个要素，它相当于公司的愿景、理念。公司的理念是什么，这个问题是没有唯一答案的。

一个公司的信念、宣言就是它的愿景、理念。

公司员工相信同样的理念时，公司就有一体感。即便出现一些麻烦，员工也能互相理解，公司破产的可能性就会显著降低。

如果除了内部员工以外的交易方、消费者也能认同并相信公司的理念，即便出现一些问题，交易方、消费者也很有可能继续支持公司。

大家想想那些有魅力的企业，大多都具备我刚才讲到的几个要素。

放眼全世界，迪士尼、可口可乐、谷歌、苹果等知名公司都给员工很高的金钱报酬、社会报酬，企业不断思变，并对效益、职位等秩序实行可视化管理，还花大力气向员工渗透明确的公司理念。

现在这个时代所需要的公司管理人员，都是能够理解这5个要素并能建立一套良好的经济系统的专业人士，不管这些管理者是否意识到了这五大要素。

如何建立一家能够实现自我扩张的互联网公司

那么互联网公司是什么情况呢?

发达国家的商品和服务现在充斥着全球市场。

现在这个时代，满足衣食住行等基本需求的物品都已经在市场上饱和了。人们的欲望和需求已经从物质转移到了精神层面。

在这种情况下，要开发一款得到广大用户喜爱的产品、互联网服务，必须要直面用户的欲望。开发产品、互联网服务的人，必须事先考虑以产品为中心的经济系统设计。

满足人们衣食住行等基本需求的互联网公司当然要研究用户。只要加入能够满足社会欲望的要素，用户的反应就会大不相同。

金钱欲望、被认可的欲望是典型的社会欲望。

脸书、Twitter、Instagram等社交网站虽然不是直接进行金钱交易的互联网公司，但它们都具备非常优良的经济系统，这点理解起来比较困难。

点赞是社交网站这一经济系统中用来满足用户认可欲望的设置。虽然不是金钱的形式，但是仍然可以将其视为用户之间往来的货币。因影响力扩大而增加的粉丝数量可以看作像存款一样的资产。

社交网络平台的内容是实时变化的，用户每次登录都能看到新信息。另外，用户很难预测自己发表在平台上的内容会引起什么样的反应。这种不确定性带给用户一种风险，要么遭受批判，要么极受欢迎。

点赞数、粉丝数、浏览量等各种数字化的指标能将用户之间的比较直观化、可视化，按行业、兴趣类别分类排列出的等级序列也清晰明了。用户们可以随时交谈、讨论。社交网络平台完美地囊括了先前介绍过的经济系统的五大要素。

创始人可能是先理解了这些用户需求和欲望的结构，开发出脸书、Twitter等社交网站。

最初脸书只是大学生用来登记个人资料的交友网站。我之所以认为扎克伯格和他的管理团队非常优秀，是因为他们没有被用户的表面声音、社会偏见所迷惑，而是通过分析数据不断探索人们究竟想要什么。

他们留意着用户的反应，迅速追加一些新功能。如果一项新功能上线以后用户反应并不好，立刻就取消掉，如此不断完美更新。

其中像实时更新、点赞、分享、聊天等功能，有可能是因为开发者理解了连用户自己都没有意识到的欲望才开发出来的。

脸书的用户数量之所以能够大幅增长，得益于它的照片功能。当用户看到别人发布的照片时，感受和单纯看到文字时完全不同。

2012年，脸书花费800亿日元收购了仅有13位员工、营业收入几乎为零的照片共享应用Instagram。从金融角度来看，这次收购实在太昂贵，但由于扎克伯格亲身体验到照片是社交网站的核心特色，才愿意承受这种风险。

截至2017年，Instagram的月活人数超过8亿，发展成为超过Twitter的世界级社交媒体。市场估值据说已经超过了6万亿日元。

要想开发一款热门的互联网产品，应当预先考虑能否设计一种体系来刺激除了衣食住行等生理需求之外的社会需求。

另外，即便产品无法做到实时更新，如果能够每天、每周、每月都有变化，用户就会经常想起这个产品，频繁访问的可能性就会提高。

如果产品能够设置可以让用户交流的功能就更好了。网站最好有社群、聊天、评论等功能，App类产品最好有用户反馈、大型活动等功能。

对于产品的改进做出特殊贡献的用户，要提供区别于普通用户的特殊待遇，还得让所有用户都能看见。如果对忠诚用户和轻度用户都相同对待的话，忠诚用户对产品的热爱就会冷却。

要根据用户的贡献度建立优惠、折扣活动的等级序列。网站的话可以用排名类的功能，App应用就用金牌会员类的制度。

如此以产品为中心，团结用户形成一个经济系统，用户能因帮助产品的改进而获得收益，产品也能得到完善，两者建立一种利益相关的共生关系。

这样一来，即便产品很难在同质化的竞争中胜出，以产品为中心的经济系统也能在竞争中处于优势地位并持续发展。

在今天信息传播如此迅速的世界里，模仿变得非常简单。任何新鲜创意都能够被快速复制。但能够得到高度忠诚的用户支持的经济系统无法在短时间内复制，即便复制也无法做出同样的产品。

这个时代企业已经不再依靠产品、创意决定成败，而是依靠所有用户、顾客都参与的经济系统进行竞争。

小米是如何建立经济系统的

和脸书不同，有一家生产商也采用了这种经济系统思维而大获成功。

它就是中国的移动终端生产商——小米科技（简称小米）。小米在IT界非常有名，由中国IT业的领袖人物雷军于2010年创办。

雷军曾是中国知名软件厂商金山软件的董事长，因此尽管小米是一家移动终端生产商，但它的董事长兼CEO雷军同时精通软件和硬件。

小米生产安卓智能手机，雷军深受苹果公司的影响，公司的手机产品追求高品质，生产极为注重细节。

如果仅仅如此，小米只不过是一家具有匠人精神的生产商，但它的特殊在于营销战略和社区养成战略。

小米的手机初期完全不在实体店销售，只在网上销售。它通过限制产量提高产品的稀缺性，制造“一机难求”的局面。因而成功塑造了拥有小米手机等同于拥有令人羡慕的优越感这种用户印象。

另外，雷军是一位高瞻远瞩的领袖人物，很多公司产品和品牌的粉丝被他的愿景和高品质的产品魅力所折服。通过这些用户在社交媒体上的扩散，许多人都知道了小米手机“一机难求”，小米最终不需要依靠高额的市场营销费用便可以获得成功。

注重细节的高品质产品，产品的稀缺性，被强烈愿景吸引的用户粉丝群，加上在社交媒体上形成的口碑，形成了使用小米手机等同于“酷”的品牌内涵。

小米生产销售智能手机不仅带来营业收入，还建立了除商品之外的品牌价值，形成由热情粉丝支持的小米经济系统，可以说这是一种商业模式。

这种由企业、产品、粉丝、消费者形成的商业模式，营销成本通常低于市场一般水平，还受到用户粉丝群的保护，因此在竞争环境中优势很明显。

不仅门户网站可以采用这种企业战略，在制造商、店铺、

App开发等所有商业领域都可以采用。对于自己正在做的事情，大家也可以考虑一下应该用什么方式引进这种策略。

经济和大脑的密切关系

在公司、组织中亲身体验一下就会了解，运转良好的经济系统都有以上几种共通的要素，我起初并不明白为什么会形成这种体系。

我只好总结为运转良好的经济系统中都存在这几种要素，而且这些要素还能适用于各种事物。

虽然我能够总结和理解这种规律，也能在日常工作中进行再现和应用，但始终不了解其中的原因，头脑一直迷迷糊糊的。

后来我在研究人类大脑系统时，偶然间发现了答案。

答案就在于掌管人类大脑快乐感受的神经网络，它可以被看作一种报酬系统。

金钱、经济等相关的社会学领域与人类大脑这种生物学领域紧密相关，这对我产生冲击。

人类大脑的集合促使形成经济和社会，所以这两个领域存在相关性可以说是理所当然，但我以前一直认为这是两个完全不同的领域，突然发现它们从根源上是联系在一起的，所以感觉不可思议。

人们常说“灯下黑”，越是身边很近的事物越难以察觉，了解自己的大脑体系恰恰是了解经济系统的捷径。

人类、动物的大脑在欲望得到满足时，作为报酬系统的神经系统就会被激活，并分泌多巴胺等快乐物质。

食欲、睡眠欲、性欲等生理欲望得到满足时，大脑自然会分泌多巴胺。一个人受到表扬、关爱等社会需求得到满足时，也会分泌快乐物质。

由于这种报酬系统，我们有了行动动机。

在学习、适应环境的过程中，这种报酬系统的作用非常重要。为了得到父母表扬而努力学习，为了受到异性欢迎而努力工作，或为了得到恋人的青睐而减肥。想要获得长期报酬时，就要拒绝短期报酬的诱惑去努力或学习，可以说报酬是人类所有行动的动机。

没有快乐物质这种奖赏，人类无法坚持不懈地去做一件事。

实际上，报酬系统分泌的快乐物质是“有毒”的。大脑尝到一次甜头，就会上瘾。

在一次小白鼠实验中，实验人员设计了一种装置，把电极直接连接到小白鼠大脑中存在报酬神经网络的中脑部分，按下按钮，电流就会刺激大脑的神经系统分泌多巴胺。结果小白鼠就一直不断地按按钮。

当小白鼠知道用电流刺激“报酬神经网络”可以人工性地获得快乐，就会疯狂地按按钮，一个小时内按了几千次，一直到死都在重复这个动作。

这个小白鼠实验虽然有点恐怖，但由此我们了解到，对生物来说，报酬神经网络分泌的快乐物质是一种甘甜美妙的刺激，给予生物强大的行动动机。

大脑想要的报酬种类

下面我们从大脑报酬系统的视角来对应看一下经济系统必要的五个要素。

我们之前提到过第一项要素是有明确的报酬，而且这个报酬能够满足生物性欲望和社会性欲望。

另外，大脑的报酬系统不仅在欲望得到满足时分泌快乐物质，在报酬可期待时，也会分泌。

比如和喜欢的异性见面，即便没当面说话只是来了个短信通知，大脑的报酬系统也会因受到刺激而感到快乐。

单纯的信息接收和报酬系统的刺激形成组合记忆，再次遇到类似情景时，只要看见这个信息，大脑就会感觉快乐。

人类的大脑会通过经验、学习来自由改变分泌快乐物质的对象。

聊天软件Line的通知、脸书、Instagram的点赞等设置让很多人沉迷其中，无法自拔。这种状况在100年前的社会大概无法想象，但可以说这是大脑因环境变化而改变快乐产生源泉的证据。由于我们现在的生活与IT等科技紧密连接，人们想要被承认的欲望变得越来越强烈，这种需求已经发展成可以和食欲等生理需求相提并论（因人而异）的社会需求之一。

随着VR等新科技的发展，届时人们将体验到远程环境并感受到快乐，从而产生新的欲望。

大脑喜新厌旧——变化和不确定性

前面提到的两项要素——实时和不确定性，也与大脑的报酬系统相关。可以说，大脑非常容易喜新厌旧。

在长时间缺乏变化的环境或可以高度预测的情景中，大脑的报酬系统难以得到刺激。假如不管努力与否，待遇都没有变化，每天的工作内容一成不变，得到的结果永远和预测相同，身处这样的职场中，你会觉得快乐吗？

相信大多数人都会觉得一点也不快乐、不刺激。在能够预知报酬的情况下，大脑很难感到快乐。

相反，研究发现在风险难以预测的不确定环境中，大脑更容易从获得的报酬中感受到更多快乐。如果结果会因自己的选择、行动而发生变化，那么大脑感受到的刺激、快感会更高。

假如有这样一个职场环境，收入因工作内容不同而产生剧烈变化，多劳多得。但与此同时市场竞争环境每周都会发生变化，必须时常观测着业界和竞争公司的动向。参与者可以自己决定经营战略并付诸行动，如果战略成功，能够获得丰厚的报酬，大家觉得如何呢？

在这样的职场中，大脑自然会分泌大量多巴胺。如果自己的战略能够成功，就会获得巨大的成就感，下个月会更加努力。

为什么在这样变化大、风险高的环境中，大脑反而能感受到更多的刺激和快乐呢？这大概是生物为了能在自然界中存活而演化出的本能。

野生动物（包括人类祖先类人猿）时刻都有遭到天敌袭击的危险，但每天还是要外出觅食，才能生存下去。

在自然界中，要么猎食，要么被猎食。野生动物可能会因为任意的气候变化或疾病而死亡，因此它们必须一直保持紧张感。在具有这种压力的环境中，自然是体力和智力越高的生物，越能胜出。

分泌快乐物质这种奖赏给予生物在高风险环境中也能积极活动的动机。

人类现在还能在变化大、风险高的环境中靠报酬系统获得极大的快乐，就体现了自然界中存活下来的生物为适应环境所形成的习性。

快感因比较而升高

下面我们讲讲第四个要素——等级序列（序列可视化）。非常简单，人是一种相对性动物，要通过和他人的比较来判断自己是否幸福，是否优秀。

比如，同样都是考试得了100分，所有人都得了100分和只有自己得100分的感受完全不同。虽然也有人因默默地挑战自我极限而感到快乐，但大多数人在比较其他人和自己的差距时，更容易感到刺激、快乐。

身高、外表都是如此，事物规模越大、越复杂、越抽象，越有必要设定比较的基准、顺序之类的等级序列。

将这种共通的基准进行可视化处理，就能直观地了解自己在组织中的位置。假如自己相比他人处于优势地位，就很容易获得极大的精神满足；处于不利地位，就很容易产生悲观失落的情绪。

这种想要获得优势地位的欲望，成为人类不断努力进取的原动力，所有人都这样想，人类社会才能整体发展。

游戏是一种人为刺激报酬神经网络的优秀装置

充分利用大脑报酬系统的装置就是我们小时候（甚至现在）玩的游戏。越优秀的游戏，越能适度激活大脑的报酬系统，让我们热衷于玩游戏。

比如玩家冥思苦想通过了游戏的某一关卡，一般会在游戏里获得奖励。那时我们就能体会到成就感、满足感，大脑的报酬系统因此受到刺激而分泌快乐物质。

挑战难关、清除关卡时，用户会获得更高的成就感。伴随着想要获得更多成就感的欲望，在持续不断玩游戏的过程中，用户就已经渐渐沉迷于这个游戏了。

网络游戏一般还会让用户之间实现交流、竞争，用户对游戏的热衷度会因此进一步提高。游戏中不仅要让用户产生过关的成就感，还要满足用户和同伴交流获得快乐、因竞争胜利而得到认可的需求，这些因素都能够刺激大脑的报酬神经网络。

游戏的存在证实了即便没有眼睛看得见的回报，一些体系和功能设置仍然可以人为刺激大脑的报酬系统，使其分泌快乐物质，从而让人们热衷于某种行为。游戏开发商并不一定完全理解大脑的结构，但最终流行的游戏都具备能够刺激大脑报酬系统的要素。

不追求用金钱回报来建立经济系统，这件事与开发游戏非常类似。游戏是一种能够直接刺激大脑的微型结构。优秀的互联网公司都开始模仿游戏开发的手法。

现在发达国家的产品、服务都已经饱和，单单销售商品并不能引起人们的兴趣。

现在过着放弃物质生活的极简主义者越来越多，物质的魅力正在逐渐下降。很多人感受到了通过娱乐、体验而获得精神满足的魅力。现在这个时代的经济活动，越来越需要理解游戏手法和大脑的报酬系统。

快乐物质是一把强力“双刃剑”

读到这里，大家可能会觉得大脑的报酬神经网络简直是“万能药”，但它的效力太强，更像一种禁止过量服用的“功能饮料”。另外，报酬系统分泌的多巴胺等快乐物质会产生很强的“毒性”和依赖性。

很多酒精中毒、恋爱中毒、工作中毒的人整天沉迷其中，无法自拔，就是因为报酬系统失调。虽然快乐物质能够给人强烈的动机，但如果过于依赖，就会出现问题。

典型的案例就是外资投行。在日本的就业排行榜上，外资投行常年高居榜首，不管是校园招聘还是社会招聘，它的进入门槛都很高。行业收入在所有职业中也处于顶尖位置，甚至有的二十多岁的年轻人年收入就能达到一亿日元。这是一个金钱欲望和认可欲望最能得到满足的行业。工作中紧急事务很多，收入因项目成败而发生剧烈变化，而且如果项目多次失败的话，员工被解雇也是家常便饭。

市场的变化非常激烈，行业环境急功近利。我们能够想象得到，从业员工的报酬系统一直都在受到刺激而不断分泌多巴胺。即便在这种大脑可以不断受到刺激的理想环境中，也有很多人在工作四五年之后便辞职选择了其他职业。很多人辞职的理由是身心都撑不住了。

虽然人的大脑不会因受到持续刺激而感到疲惫，但受到大脑指令活动起来的身体和身处环境之中的精神都在不断消耗。大脑因为快乐物质而亢奋，不断发出指令，但身体、心灵必须要休息。

快乐物质太多，大脑的神经系统就会失调。格斗漫画里的人使出必杀技，在短时间内力量可以达到原来的几十倍，但之后必须要代偿，大脑的神经系统也一样。

万物都有度，大家在考虑一种经济系统时，一定要注意适度原则，要注意保持整体的均衡，适度刺激报酬系统。

自然是经济的“老前辈”

刚刚我们讲了经济这种大型体系和大脑的关系，下面我想比较一下经济和比它更宏大的体系。

我在研究经济机制的过程中，感觉和经济最相似的体系是自然界。

自然界和我们生存的市场经济社会同样残酷。在自然界中，弱小的生物很快就会成为其他生物的食物；同样在市场经济中，没有竞争力的个人和企业立刻就会被淘汰出局。

在生物形成食物链和物种不断淘汰的过程中，整个自然界形成了一种秩序。自然界中没有货币，能量通过食物链（吃与被吃）循环往复。个体、物种、环境相互作用形成了一个和谐的生态系统，还能自动调整到最佳状态，令人难以置信。

自然界中没有类似于人类社会中的法律体系，而是自然而然地形成了这种系统。

在比较经济社会和自然界的过程中，我意识到自己犯了一个大错误。

不是自然界与经济社会相似，而是经济社会与自然界相似。正因如此，市场经济和资本主义才能发展至今。从历史角度来看，我原来的看法也颠倒了主次。

这样一来，我突然理解了在决定未来方向的三个矢量中，经济力量最强的原因。

经济矢量是自然内在力量变形之后展露出来的，自然是经济的“老前辈”。

经济和自然根源上的统一性

经济是模仿大自然的一种体系，是大自然的一部分，理解了这一点之后，我就想更加深入地考察自然的构造。

大自然如此和谐的原因，除了前述的极端失衡、不稳定性和不确定性之外，还有另外3个特征。

自发的秩序形成

大自然的第一个特征就是尽管不存在规则的建立者，各种事物都能自发形成，包括简单的要素以及复杂的秩序。

比如，水放置在特定的条件下就会形成六角形结晶。我们将没有人制定规则而自发形成秩序的现象称为“自发秩序的形成”。

能量循环功能

第二个特征就是自然界中能量的循环功能。自然界中的生物通过食物链来推动能量不断循环。

生物进食从外部吸收能量，通过活动、排泄把能量排到体外。

热力学认为，随着时间的流逝，世界会从有秩序状态发展成无秩序状态。自然、生命由于具有这种能量循环功能，因而能够维持秩序。

河中水流湍急，水车不断转动位置却丝毫没变。能量的循环就像河中的水车一样。

秩序因信息而强化

为了强化上述秩序，自然界必须需要信息。因此，第三个特征是秩序因信息而强化。

如果世界符合宿命论，又或者是完全随机的，那根本就不需要信息。只有存在可以选择的可能性时，才需要信息。

最初出现了存在选择必要性的环境，生命才开始在体内记录信息。信息保存到生命体内部之后，即使构成要素改变，也还是具有不稳定性和不确定性的特性，人体每天都在新陈代谢、更换细胞，由于内部保存的记忆、基因等各种信息，尽管细胞更换了，但整体还是同一个人，还能继续活动。

以上3个要素可以总结为：处于能量流动环境中相互作用的动态网络，在新陈代谢的同时，自动形成秩序，利用记忆功能把信息记录到体内，以此强化秩序。

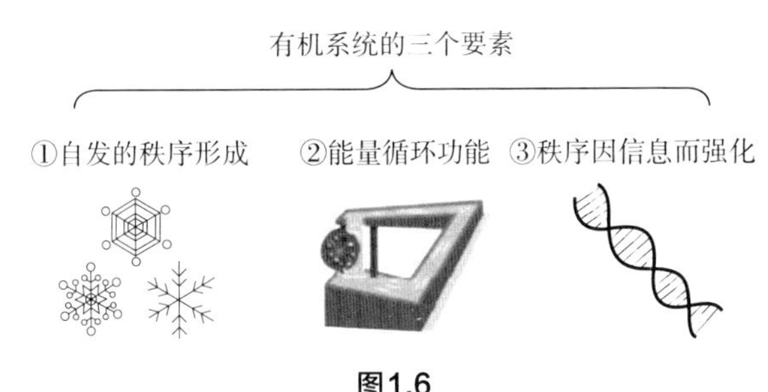

图1.6

物理学家普里戈金（Prigogine）将这种自然的内在构造称为

“耗散构造”，生物学家弗朗西斯科·瓦雷拉（Francisco Varela）等将其称为“自创生系统”，经济学家哈耶克将其称为“自发秩序”，其实都是内涵相近的概念（普里戈金和哈耶克都获得了诺贝尔奖）。

除此之外还有各种称呼，但观点基本可以总结为这3种要素。

回想一下，一些知名企业家、历史伟人的名言中都提到过同样内容。很久以前，便有“诸行无常”“生生不息”等说法。

愿景的重要性

刚创业时，我经常听前辈们说，“企业的愿景、理念很重要”，但当时并不了解这种说法的意义。

对于只有几十位员工的创业公司来说，最重要的事情是公司下个月是否还存在，用语言描述公司的方向、存在意义等类似事情一般都会被搁置拖延。

等公司发展壮大到几百人的规模，我通过亲身经历真正理解了企业制定愿景、理念的重要性。

希腊神话中有一则著名的传说——忒修斯之船。要修理破破烂烂的船，必须把所有零部件都替换掉，那则神话提出了一个疑问，这艘换过所有零件的船还是跟原来一样的船吗?

小规模的企业员工比较少，形成并传递理念比较容易，但当企业发展成为超过100人以上的组织之后，用语言来定义公司并分享给员工就变得很重要。

随着时间的流逝，公司有时会招聘新人，有时会改变业务方向，这类事情频繁发生，将定义公司内涵的信息（愿景、理念）进行可视化管理，才能够保持公司的同一性。

我又一次亲身体验到了前人智慧的精妙之处。

经济是一个有机系统

将大自然作为具有三大特征（自发秩序、能量循环、利用信息强化秩序）的有机系统来看待，虽然自然界和经济系统乍看毫无关系，仔细观察就会发现两者构造相同，运行方式相同。

生命、细胞、国家、经济、企业都是无数个体集合形成的组织，自身形成一个动态网络。

人类是由无数个细胞集合形成的，细胞、器官密切协作形成了人体的网络。人的身体不断从外部摄取食物等能量，把信息记录在大脑或基因中，即便细胞代谢更替，人还是能维持同样的状态。

同样，国家也是由个人网络构成，每个个体之间互相合作，共同维持一个共同体。由于个体的生老病死、移民流入等，人口是流动的，但由于法律、文化、伦理、宗教等信息的存在和传承，即便构成人口发生变化，国家还是同一个国家。

俄罗斯套娃般的构造

有趣的是各种系统具有俄罗斯套娃般的结构，并一直持续下去。

社会处于自然当中，企业处于社会之中，企业中设有各个部门，个人又属于各个部门，人身上有各种器官，器官由细胞组成。

不管从哪一层级来看，都是同样的构造，简直就像是俄罗斯套娃一般。

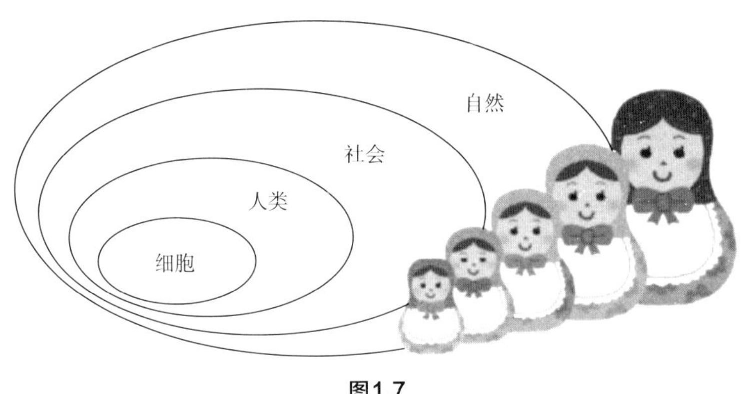

图1.7

这和在显微镜下观察到的雪花结晶类似，都是相似的结构不断重复（也被称为近似图形）。

社会中各个组织的命名虽然不同，但构造上是类似的东西。

违反自然秩序规则的危险性

这些自然的内在力量和近似的经济矢量是如此强大，我在思考这个问题时冒出了一种想法。

越是与自然界构造相近的规则就越容易在社会中普及，越是与之相背离的体系就越容易产生悲剧。

越是背离自然性质的体系，越容易导致机能不全。这种现象同样存在于国家竞争力的问题上。

如果在美国、中国做生意，市场变化剧烈，金钱、人才、信息等资源流动速度也快。特别是美国，它接受大量移民，经济上也推崇自由竞争，通过提高雇佣员工的流动性强行提高了企业新陈代谢速度，因此发展成为世界最大的经济体。可以说，美国所有的事物流动性都很高。

我们再来观察一下发展看上去似乎停滞的国家（比如日本、韩国），资本、人才、信息的流动性就不那么高。社会已经几乎停止循环，大企业一直都是大企业，在年功序列、终身雇佣制的前提下，资本、人才的流动效率始终无法提高。

总之，引发历史上大规模悲剧事件的思想根源多数都和自然构造的规律相背离。现在运行的社会体系是过去的人们历经几千年不断重复试错得出的结果。也许，我们现在仍然处于用手摸索着来了解“自然轮廓”的过程中。

“进化”就是不断循环产生的渐变，“科技”就是进化的副产品，类似于做豆腐时榨出来的豆浆。

达·芬奇看见的“一个世界”

我们之前讲过，经济与大脑的报酬神经网络存在渊源，而且经济系统和自然界非常相似。实际上，大脑本身的构造也几乎和经济系统一模一样。

人类大脑是由神经细胞这种特殊细胞群连接形成的复杂网络。大脑中有几百亿个神经细胞，小脑中有1 000亿个神经细胞，整个脑部加起来有超过1 000亿个神经细胞。我们把这种网络称为“神经网络”，神经细胞发出电流信号交换信息，细胞之间不断连接、断开、再连接、再断开，就像用社交网络聊天的人一样。

经济、自然、大脑都是由众多个体构成的有机网络。在交换信息、能量循环的过程中，有机网络的构造变得更加复杂，不断进化。大自然从最初只有陆地和大海发展成生物种类繁多的复杂生态体系。市场经济从最初的以贝为币，发展形成资本市场，货币成为经济社会的中心。大脑从婴儿的单纯大脑发展成可以进行高度复杂思考的成年人大脑。

我们人类会认为，自然、经济、大脑这些系统是类似的，但如果让计算机只把自然、经济、大脑的结构作为数据进行分析的话，也许计算机会把它们判断成同样的东西。人类为了便于交流，会给各种事物取名字进行区分，否则就没法对话和交流。

人类可以根据规模、外观对事物进行区别，给它们取不同的名字，但眼睛看不见的抽象结构就很难处理。自然、经济、大脑在人类认知中虽然被区分成不同事物，但它们的出发点都是相同的。可以预见，几十年之后我们可以借助科技的力量人工构建这种结构。

科技的发展（下一章我们将说明）能够提高人类的认知能力，能够直觉地理解比现在更加复杂的结构。人类不仅仅能够理解局部性的规律，还能把无数个体相互作用的网络作为一个整体理解，甚至连未来将要产生的变化也能清晰地预测。

经济、自然、大脑这种无数个体相互作用构成整体的现象被称为“创新”。今后我们必须具备这种“创新性”的思考体系。

因画作《蒙娜丽莎》而举世知名的艺术家列奥纳多·达·芬奇（Leonardo da Vinci）在音乐、建筑、数学、几何学、解剖学、生理学、动植物学、天文学、气象学、地质学、地理学、物理学、光学、力学、土木工程学等各个领域都有建树，可以说是“万能人”。但我并不认为他就只是多才多艺，我认为他发现了所有事物的相同点。

在他所生活的时代，学术世界还没有像现如今一样细分门类。达·芬奇对宇宙、自然等万物都抱有不同寻常的好奇心，并在多个方面充分发挥自己的创造力，因此成为世人眼中多才多艺之人。我猜想他其实是个擅长整体理解世界的天才。他在著作中曾经说过，“能够理解我的艺术的人，只有数学家”。

他把看似完全没有关系的艺术和数学当成了同一种东西。

类似的历史人物还有和牛顿先后独立发现微积分的戈特弗里德·威廉·莱布尼茨（Gottfried Wilhelm Leibniz）。莱布尼茨是一位非常有名的数学家，但是他同时活跃于哲学、科学、政治等多个领域。和达·芬奇相反，莱布尼茨把各个领域的学问（法学、政治学、历史学、哲学、数学、经济学、物理学）统一成“普遍学”这一种学问。

和达·芬奇一样，莱布尼茨可能也认识到了这些学问虽然切入点不一样，但实质都一样。但由于他的理论非常艰涩独特，没有普及开来（现在读起来也非常艰涩）。我感觉他只把自己理论的十分之一转化成了能表达出来的语言。

从不同的角度来看社会中细分形成的各种概念，实际上其中很多概念的底部构造都相同。只要找到那些看起来完全不同的事物中的普遍性、共通模式，以后再遇到其他未知事态，就能随机应变。

但是过度的模式化解读是很危险的，形成某种假设之后，一定要事先在经营企业等现实世界中实验。通过现实世界的假设验证，我们能够更加深刻地理解现实并发现更多的假设。

相比达·芬奇、莱布尼茨，我们的优势在于能够利用各种他们那个时代还不存在的科学技术。下一章我们将围绕科技介绍经济系统的演变。

科技改变金钱

科技的变化是线不是点

本书的主题是金钱、经济，所以不会讲解科技的发展趋势。但是讨论经济变化时，难免会提及科技的发展，我们来讨论其中的几项。

大数据、物联网、人工智能、区块链、AR、VR等IT技术日新月异，每年都有术语不停地出现、消失。

我认为，要把科技的变化连成一条线来看，而不是单独的点。一个一个地单独追踪每天出现的IT界热点，什么都看不出来。

如果把科技的变化连成一条线来看，就能准确理解现在的社会体系是为了解决什么问题才去研发这种技术，能够准确理解最新的科技能够引起什么样的变化。

云计算、大数据、物联网、人工智能等技术只是切入点不同，但都是同一种大趋势的一个方面，只是取了不同的名称而已。原来的本地软件能够在云服务器上进行管理，还可以接入任何设备。利用云服务器管理，网络上可以存储大量数据，利用海量数据可以发展机器学习，利用传感器所有设备之间都可以实现通信。这些技术组成一个大的趋势，各自发展并相互引发连锁反应。

首先要把现在社会上的变化当成一个现象来理解，而不是一个个单独的热点。如果能够做到这一点，就能在一定程度上预测今后的变化，可以冷静地应对之后出现的流行事物。

体系“分散化”正当时

在金钱、经济的世界里，最具冲击力、变化最大的趋势是什么呢？以100年为单位来看，怕是难以定论。如果以今后10年为单位的话，我认为最主要的趋势就是“分散化”。

除了一部分专业人士，很少有人在日常对话中提及“分散化”这个词语，但这是一个会从根本上颠覆现有经济、社会系统的概念。

现在的经济、社会是通过“中央集权化”来维持秩序的，它与“分散化”正好相反。这种体制存在中心管理者，信息、权力都向中心集中，一旦出现问题，管理者和系统立刻就能应对。这是现代社会效率最高的一种体系。

现代社会建立在“信息不对称”的前提之上。以信息分布失衡、无法实时共享为前提，需要代理人、中介从中斡旋接洽。

“权力”必然会层层集中到最中心。纵观现代社会中具有重大影响力的组织，就会了解这种中心的重要功能。

国家里的中心是政府，议会的中心就是议员，企业的中心就是管理人员，物流的中心就是贸易公司。现代社会中凡是信息不对称的领域，都有中介、代理人，信息流通、权力通常都集中到中介、代理人手中。对于填补信息不对称造成的空缺，代理人的存在也具有非常重要的“价值”。

现在几乎所有人都有智能手机，随时可以互相联系。今后不仅人类之间，物品和物品之间也能随时连接。我称之为“超级连接”。

这种状况进一步发展，就能在网络上实现人、信息、物品之间进行直接、经常的连接。如此一来，中央代理人就失去了存在的必要性，整体就会变成分散的网络型社会。

届时由于信息的不对称性逐渐消失，代理或中介已经没有价值，反而成为信息流通的障碍。

如此一来，之前手握权力的代理人、中介将逐渐失去权力。分散化的趋势进一步加剧，只作为信息、物品中间商的中介将无法发挥价值，那些能够单独建立有价值的经济系统的机构，将获得巨大的权力。

这种“分散化”的现象代表了一种“由下而上”的体系，权力从中央集权的管理者分散到网络中的个体。

IT企业经常说要“赋予个人权力”，这就等同于夺走之前代理人的权力，将其再分配给个人。这种战略并不是要维护中介的位置，而是转变立场去支持可能会在分散化趋势中获得权力的“个人”一方，从而企业自身也获得权力。这种方式更能适应时代潮流。

互联网消除了距离和时间的限制，网络技术能将信息瞬间传播出去，现在才可以说是终于开始发挥网络原有的力量。

下一节我们将用一些具体案例来介绍分散化趋势中出现的一部分新型经济体系。像以优步（Uber）、爱彼迎（Airbnb）为代表的“共享经济”，以虚拟货币、区块链技术为代表的“通证经济”，YouTuber（在线视频服务提供商YouTube的用户）、网红、粉丝等形成的“评价经济”。

这三种经济系统看起来完全不同，但都是分散化趋势的一部分，它们只是程度不同而已。

分散化社会和共享经济

只有当社会时常处于连接分散状态时，共享经济才会出现。本书的读者大概不需要额外的讲解，日常生活中经常提及的共享经济的典型案例就是优步和爱彼迎。

优步就是通过一款连接个体司机和网络用户的App，提供类似出租车公司管理司机时开展的配车服务，并获得了巨大成功。

优步虽然开展配车服务，但公司既不拥有车辆，也不雇用司机。它只是把司机和乘客连接到同一个网络中。现在优步的估值据说已经超过5万亿日元，超出了福特、通用等世界大型汽车生产商的市值总额。

爱彼迎是一个将想要出租空屋的房东和想要住宿的租客相匹配的民宿互联网平台。和优步一样，爱彼迎也不拥有固定资产，它只是开发了一个把供应方和需求方联系到一起的网络平台，建立了一套具有支付中介、评价信用担保等功能的经济系统。截至2016年，创立仅仅8年的爱彼迎就发展成为估值超过3万亿日元的世界级企业。

日本知名的Mercari（一家二手物品交易平台，相当于中国的“闲鱼”）已经快速发展成为日本排名第一的“独角兽”公司。

这些互联网公司可以直接共享用户个人附带的资源，能够大幅度削减运营成本。由于互联网已经渗透到生活的方方面面，全世界范围内都可以实现共享，这些互联网公司开始构建庞大的经济系统。

共享经济公司是分散状态下网络化社会的典型成功案例。

运营者不需要作为主体提供服务、商品，只需要作为配角尽力支持提供资源的个体即可。

因此，经济系统的设计是否优秀决定一切。系统面向想盘活闲置资产的个体用户，设计出恰当的报酬体系，通过评价体系使得诚实运营的个体用户得到好评，从而获得更多的收入。系统还设置一些沟通功能，用户之间可以聊天、评论，因此App可以借助用户之手发展壮大。

共享经济把网络化的个人联系到一起，形成一个经济系统。作为代理人，它只提供最低限度的服务，比如人与人之间烦琐的支付中介、要求中立性的评价等。

共享经济是混合了现代“代理人型社会”和今后“网络型社会”优点的混合型模式。

中国引领的共享世界

目前全球共享经济最为发达的就是中国。

美国、日本等发达国家的社会基础设施非常健全，出现的新型服务会和现有的服务体系发生摩擦，有的甚至必须要修改法律，因此新型服务渗透到社会中需要花费相当长时间和高成本。

中国这十年来飞速发展，现有的社会基础设施还处在逐步完善的过程中。因此，新型服务出现之后就势如破竹蔓延开来。这种现象被称为“越级提升”。

中国的实体店支付中手机结算已经成为主流，人们日常购物也以网购为主，因此上海的商场除了饭店，其他零售店面都显得非常凋敝。我们公司的中国员工也说：“平时都用不到钱包，钱包丢了一个星期都没注意到。”

几乎所有的店铺、网站都可以用支付宝、微信支付。有些店铺甚至不再接受现金支付。

全球新科技、新商业模式的发源地正在从美国的硅谷转移到中国的上海等地。其中C2C（Customer to Customer）交易中也产生了很多中国特有的商业模式，美国、日本的创业者也都在关注着中国。

之前在中国快速普及的互联网服务是共享单车。虽然日本原来就有共享单车服务，但不像中国那样普及。摩拜单车是中国最有名的共享单车之一，从支付费用到解锁等全部步骤用户都在手机上操作，骑完还可以放置在就近的停放点。

移动支付的普及能让商家知道谁是使用者，用户也能通过GPS快速搜索到距离自己最近的自行车。共享单车这几年间在上海飞速普及，出现了多家竞争公司，街上到处都是共享单车。

共享单车经济得以在中国普及，是由于早高峰期间大城市的交通非常拥堵。上海并不像东京那样地铁站之间的间隔很近，而同样人口众多，早高峰经常拥堵，通勤很不方便。

如果自行车骑完可以就近放置，需要骑车的时候也可以很方便地找到车子，这样非常适合上海的出行需求。2015年创办的共享单车摩拜创立仅仅一年，估值已经超过3 000亿日元，并成功融资1 000亿日元。

“评价经济”火遍中国

目前中国有超过7亿的智能手机用户，平均年龄也只有30多岁，用户整体非常年轻，具备迅速接受新型服务的“土壤”。

在相互交错的巨型网络上，大家都可以积极地发出信息。网红能得到很多人关注，对消费者产生庞大的影响力。

依靠用户的评价运转的经济被称为“评价经济”，自2011年左右这种模式也开始红遍日本。据说中国某知名网红，在社交媒体上拥有500万粉丝，年收入超过50亿日元，甚至超过了日本的一些上市公司。

中国的手机支付体系健全，现有基础设施尚在完善之中，用户的平均年龄比较轻、对新生事物敏感度高，因此出现了无须企业介入、个人之间的经济交易形式。

现在直播模式已经在中国形成了庞大的市场，用户已经超过4亿。有人通过手机直播和观众聊天，也有人唱歌、跳舞展示才艺。App还设置了“打赏”功能，用户如果觉得主播的节目好看，可以花钱购买一些礼物送给主播，主播可以把礼物换成钱作为自己的报酬。

人气高的主播可以赚到相当于社会平均工资几十倍的收入，甚至有些年轻女孩做直播月收入超过1 000万日元，非常引人瞩目。

原本企业对个人用户为主流的交易模式，到网络型社会之后，变成以个人对个人为主，全新的经济形式得以不断发展。

“通证经济”取代国家的可能性

“通证经济”进一步推动了共享经济的发展。目前人们大多是从电子商务、社交方面讨论共享经济，从虚拟货币、区块链等角度讨论通证经济，因此大家很容易认为两者是两个完全不同的东西（实际上，两者从业者的技能、所属行业也不同）。

但我认为，最好把共享经济和通证经济当成是共同存在于

“分散化”大趋势延长线上的事物来看待。

“通证”大多是指虚拟货币的底层技术——区块链上流通的文字列，代表虚拟货币、区块链形成的独特经济系统，但并没有唯一正确的定义。

通证经济和现有商业模式之间的巨大差异就在于经济系统是处于网络内这一点。在现有的商业模式下，作为货币发行者的一国政府发行日元、美元等法定货币，企业、个人等市场参与者使用法定货币做生意、生活。货币发行者和生产者、消费者自然能够区分开来。

在通证经济中，生产者可以发行通证，将其作为在特定网络内流通的独特“货币”，由此可以建立相对独立的经济体系。企业、个人、组织可以自由设计通证的性质和流通规则。企业、个人利用通证可以轻易做到国家能做的事情，它可以说是国家体系的一个缩小版。另外，由于通证可以在一定范围内流通，之前难以定价的模糊概念可以当成一种数据，从而赋予通证市场价值。

即时通信App“Kik”发行的“Kin”将有可能成为大规模通证经济的一个典型案例。Kik是源于加拿大的跨平台即时通信类App，它的用户主要是英语国家的青少年，拥有来自全世界超过1 500万的用户。Kik类似于日本的Line。单从营业收入来看，Kik算不上是非常成功的软件，而且它还有已经先行占据市场的脸书、Snapchat等竞争对手。

Kik计划发行一种可以在App内使用的独特虚拟货币，从交流环节开始建立一个单独的“经济系统”。

Kik设计了一种奖励方法。如果客户上传的内容能够提高用户活跃度,Kik将向客户支付代币Kin作为报酬。如果信息中包含广告，用户也会收到Kin作为报酬。在传统媒体上，用户被动观看广告通常会感觉不高兴，但Kik的用户如果主动观看广告之后就能够收到Kin作为回报。Kik计划构建一个能与用户、外部客户利益连接到一起的经济系统。Kin能够与比特币汇兑然后换成现金，Kin价格上升的话，升值部分将变成持有者的收益。Kik实施ICO（首次币发行）以来，已经成功募集到了超过100亿日元的资金。

普通商业模式和通证经济的收益给付方式和获利思维方式完全不同，因此我们探讨这两种经济模式时，一定要注意转换思考方式。

货币的发行主体获得的利益被称为“货币发行收益”，它是国家重要的财政收入来源。极端一点来说，为了发行货币所花费的成本与货币价值之间的差额都是货币发行者的收益。另外，货币所有人死亡或失踪时，货币失效所带来的收益也成为货币发行者的收益。

在通证经济中，发行通证的企业、个人能够享受这种权益的发行收益，而发行者同样具有利用通证使得经济系统参与者的利益最大化的义务。这种模式和日本政府发行日元并担负着经济发展、治安维持的义务是类似的。

如果没有明确的获利机制，即便发行了单独的通证，也不会有人来参加。即便参与了，如果经济体系失去信用，用户也会立刻卖掉通证，退出该经济系统。通证经济只是风投圈认可的一种经济系统，发生一丁点儿问题，参与者就有可能作鸟兽散，这种体系极其不稳定。想要获得发行收益的对价，通证的发行者必须建立优秀的经济系统并维持下去。

通证经济天生具有“网络化效应”，经济系统的参与者越多，经济系统的价值就越高。如果没有认可并使用通证的用户，通证也就没有任何意义。

如果越来越多的人感受到这一经济系统的魅力并参与进来，就会有越来越多的人想要得到通证，因此持有通证的人就可以选择恰当的时机出售，持有风险也会降低。

随着参与者人数的增加，支持通证流通的店铺、网站也会增加，便利性的提高能够吸引更多的参与者，因此这一经济系统能实现自发增值、扩张。

通证化的世界

尽管通证只是风投领域的数字化权益凭证，但如果它和现实世界的资产挂钩，就能够使所有事物的价值可视化。

几十年前，现行法定货币与黄金挂钩，原来只是一张纸的纸币得到了黄金价值背书。后来随着金本位制的终结，给纸币背书价值的东西变成了“国家信用”。

如果通证也能像黄金一样，和现实世界的某种资产挂钩，就能实现自身价值的可视化。要使商品、不动产等实体物品的价值实现可视化或者流通都不难，但要让抽象的“概念”价值实现可视化并流通起来就极其麻烦。

比如像影响力、信用、情感、时间、互联网产品功能、数据内容、文字等社会概念，如果在之前的金融、经济框架内，它们的价值都难以计算，也难以进行可视化。只有在转变成营业收入或收益时，人们才能认识到它们的价值。在此之前，这些价值也很难出售或流通。

利用通证，就能将这些抽象的概念与用户的喜好挂钩，实现价值的可视化。原来证券业有人专门从事这类业务，但随着网络化的发展，想要仅仅从单一的金融框架内来理解将越来越难。

通证可以由发行人自由设计，主要分为三大类。有时几种不同性质的通证也可以组合在一起。

货币型通证

这种类型的通证最简单易懂，它是一种作为支付手段所使用的通证。和日元、美元等货币的功能相同，它具有几乎和货币相同的作用。比如某些互联网产品的运营方发行的在产品体系内通用的通证，用户之间可以用这种通证进行交易和支付。产品和通证持有者之间因此形成了一种经济系统，用户的利益与产品的成功绑定到一起。如果产品失败，持有大量通证的忠实用户就会蒙受损失，因此忠实用户通常会积极支持这一产品。

日本很久之前就出现了乐天积分、T积分等，日本人应该很容易理解这类通证。任何人都可以在积分的基础上利用区块链简单便捷地建立一种体系，而且还不是“1积分=1日元”的固定兑换制度，兑换率可以随着经济系统的参与者人数、便利性的变化而变化。

但是，如果想让货币型通证广为流通，而不仅仅是在特定产品内使用，就要增加使用者人数，因为如果使用者不多，接受这种通证支付就没有好处。这就陷入了“先有鸡还是先有蛋”的问题循环。

最好是由具有实际使用价值的公司率先发行，在推广使用的过程中，逐渐被其他公司所接受。

派发型通证

很多运营方把特定产品、功能的一部分收益派发给通证持有人。但这种通证类似于现在的股票、金融商品，越来越多地受到金融商品交易法规的管制。美国证券交易委员会曾发表声明，声称这种类型的通证属于证券，应当受到金融法的管制。

派发型通证具有明确的收益说明，通俗易懂，但是由于诈骗、纠纷多发，各国金融监管部门都在加强管制或明令禁止。

会员型通证

会员型通证也在不断增多，这种通证的持有人可以得到特殊折扣、优待。它不是消费型通证，它与货币型通证的不同之处在于这一通证的持有人在持有期间能够受到特别优待。

各行各业很久之前就已经使用这种制度了，像偶像的粉丝俱乐部、餐馆给顾客的优惠券、股东优待、互联网产品的金卡会员等。

利用风投领域的通证，任何人都能够低成本、高效率地建立这种制度。在一些网络论坛、特定App上，甚至还能在更小范围内适用。由此可以建立无数的微小经济系统。

完全分散的经济系统：比特币

目前规模最大、最为成功的通证经济当然非比特币莫属。比特币制度的优秀之处在于其分散化程度极高，参与者可以分享货币发行收益。在我们之前所讲的通证经济中，通证设计者发行通证并获得发行收益，在一定程度上控制着这个通证的整个经济系统。

这种制度实质上允许挖掘比特币的矿工获得货币发行收益（有时称其为“采矿收益”更恰当）。只要有一台电脑，任何人都可以当矿工去挖比特币。

当然，拥有资本的机构使用大量电脑挖矿，独占货币发行收益，从实质上支配比特币的生态系统也不是不可能的。但是如果讨厌在这个系统里受人支配的人数有所增加，大家可以转移到别的经济系统，或者利用分叉另立门户。

利用当地廉价电费获取大量挖矿收益的比特币“矿工”想修改比特币制度，以使其更加利于自己的获利，但反对者提出了另外的制度。实际上，比特币目前已经分裂成比特币和比特币现金两个派别。

如果某些人想要控制整个经济系统，反对者就会抗议，经济系统的价值就会下降或者分裂，因此比特币这种制度很难被独占或支配。

比特币已经成为一种几乎完全分散化的经济系统，就像自然界的生态系统一样，逐渐演变成一个有机灵活的网络。随着共享经济、通证经济的发展，今后将出现更多不存在中央管理者而自动运行、扩张的有机体系。

下一代成功模式——自律分散

之前我们已经讲过，由于互联网的普及，当下社会形成了一种“分散化”大趋势，从存在中央管理者的代理人型社会向个人之间密切相连的网络型社会转变，我们已经介绍过其中的共享经济、通证经济。

下面我们简单介绍一下另外一个重要趋势，即“自动化”。谷歌收购的DeepMind公司研发出的人工智能机器人“阿尔法围棋”（AlphaGo）战胜了围棋世界冠军，大家目睹了人工智能的快速发展。

其中深度学习这种方式让人工智能学习海量数据从而自动进行识别特征。比如要让机器认识猫，不需要人来告诉机器什么是猫，只要让机器读取大量猫的照片，机器就能理解猫的特征，就可以辨识图片中的动物到底是不是猫。机器学习需要庞大的算力，虽然现在算力还达不到要求，但随着计算机性能的提高，相信未来算力的问题能够解决。

只要有海量数据，现在人类从事的大部分脑力劳动最终都能够实现自动化，甚至有可能智慧也不再是人类的专长。

因数据爆炸而发展起来的“自动化”和因向网络型社会转变所产生的“分散化”，这两种大趋势在今后10年将举足轻重。

混合了这两种趋势而产生的“自律分散”概念，将会颠覆众多行业的商业模式。

“自律分散”这个词语平时很少出现，它指一个体系中没有统率整体的中枢机能，各个要素自律行动，相互作用形成整体。大家只看概念也许无法完全理解，“自律分散”的典型例子就是自然界，它没有绝对的支配者、管理者，每个个体都在分散行动，但整体形成了一个达到绝妙平衡的系统。

“自律分散”的另一个典型案例就是因特网、比特币。两者都是去中心化的系统。可是系统一旦出现问题，全世界的人都会绞尽脑汁去想办法解决，以便让整个系统得到更好的发展。整个系统就像一个生物，充满生命力。

区块链等技术使很多中央集权的组织、单位、系统能够实现分散化，深度学习等自动化技术代替人类将系统整体调整到最佳状态。这种自律分散型体系很有可能成为下一代的成功模式在各个领域普及开来。

共享经济、区块链、深度学习、物联网等现在看来还相互独立发展的技术趋势，未来很有可能会成为实现自律分散型体系的各个组成部分。

下面我会介绍几个已经发起的项目。

人工智能和区块链运营的“无人对冲基金”

大家听说过Numerai这个项目吗？简单来说，Numerai就是由人工智能和区块链来运营的“无人对冲基金”。虽然听起来感觉莫名其妙，但这个项目是确确实实存在的。

通常投资基金的运作都是由投资者投入资金，基金管理者决定投资方法，运用量化分析方法，交易员在投资过程中不断调整资产组合。基金投资产生收益之后，收益会返回投资者，基金管理者留存其中的一部分作为基金收益。

Numerai是一种利用人工智能技术将这一连串动作过程进行自律分散化的尝试。有超过一万名的匿名数据科学家，利用机器学习建立投资模型，并上传到Numerai的平台。

如果相关模型管理的资金能够获得实际收益，Numerai会根据业绩派发通证给数据科学家作为报酬。通证可以兑换比特币，然后再兑换成法定货币。

Numerai运用多种科技把投资基金变成了一种自律分散型的体系。它运用数据众包的方法集合了分散在全世界各地的数据科学家，他们利用机器学习研发的投资模型能够自动运行，依照区块链规则，系统根据投资的业绩自动分配报酬。而数据科学家、投资者彼此之间都不认识。

研发的投资模型越优秀，数据科学家能获得的报酬就越多。因此数据科学家之间能够形成竞争，研发出更好的模型。

另外，报酬根据区块链生成的规则自动分配，因此不存在误差和人为分配的随意性。

“无人对冲基金”完美地组合运用了数据众包、人工智能、区块链，从而实现了一种自律分散的体系。除了投资基金之外，这种体系也能应用到各行各业，可以大幅度削减人工费用、运营成本，实现一种迥异的收益结构。

现在由一家公司全部完成这些技术非常困难。但随着技术的渗透和相关工程师数量的增加，未来这种模式应该能够实现低成本、零难度的大规模推广。10年之内，任何人都能够花费很少的成本构建一种自律分散体系。

中国的“无人便利店”

日本已经出现自动读取二维码结账的“自助收银台”，但中国的技术应用更加先进一些。2016年8月，中国的创业公司缤果盒子开了第一家完全无人值守的便利店，一时间成为热议话题。

无人便利店的系统非常有趣。首先便利店有电子锁。用户扫描入口的二维码之后，必须先认证微信账户。认证结束之后，电子锁会自动开启，然后用户就可以进入便利店中。

用户把选好的商品放到收银台的识别区，屏幕上就会自动显示价格，用户用智能手机扫描屏幕上显示的二维码，就能完成支付。如果没结账就想拿着商品跑出去，入口的电子锁不会开启，因此小偷就会被锁在便利店里。

另外，中国还有一套和社交网站、智能手机支付相关联的信用评分体系，用户如果有失信行为，信用分数就会下降，甚至有可能会被冻结社交软件的账户和智能手机支付账户。如果没法用智能手机支付，那用户在所有App上都没法支付，会非常不方便。

用户进入便利店时，不认证社交账户和手机支付账户就没法进入，因此用户觉得在无人便利店里做坏事是“不划算”的结果，这种方式能够有效防止犯罪行为的发生。

缤果盒子并没有使用什么新技术，它利用已有的结算体系和智能锁来实现了便利店的无人值守。这种无人便利店选址灵活，就是一个无人值守、能24小时赚钱的大型自动售货机。

要是进一步发展的话，缤果盒子公司可以发行在全国的无人便利店网点都能使用的结算通证、打折的优享通证或者可以获得一部分营业收入的派发型通证，建立单独的经济系统。这种无人便利店就可以当成不动产进行投资了。

联接物联网、人工智能、区块链能够轻易建立自行运转的经济系统，具有从根本上改变原有商业收益结构的破坏力。

借助科技，人类可以创建“经济”

由于新型科技的进步，经济不再是我们社会生活的大环境，而越来越成为一种我们可以创建的对象。曾经创建经济系统是国家的特权。国家需要设立造币厂，用金银铜等金属制作硬币，使用防伪技术印刷大量纸币，由中央银行调控货币供给数量等。要创建经济系统，必须花费巨大的成本，掌握巨大的权力。

现在利用智能手机、区块链等技术，个人、企业都可以简便地发行代币，创建独有的经济系统。利用区块链技术，还能将转移价值时产生的利益保存到整个网络中，很难被篡改。

现在所发生的一切其实就是“经济自身的民主化”。

类似现象过去也曾在发生在知识领域。比如活字印刷术就是一项导致社会发生剧烈变化的科技发明。在活字印刷术应用之前，西方社会没有保存和分享知识的技术和习惯，知识大多由口头传承。由于制作书籍需要花费巨额成本，除了一部分特权阶层，普通民众不能制作书籍，也没法读书。

当时的欧洲，知识被神职人士、贵族等一部分人独占，普通市民没有获得知识的方法和途径。15世纪德国人约翰内斯·古登堡（Johannes Gutenberg）在西方开创了金属活字印刷术，能够廉价地大量印刷书籍，西方社会因而发生了剧烈变化。普通市民能够低价购买书籍，西方社会得以积累、分享知识。

此后西方社会逐渐诞生了思想、哲学等学科，建起了图书馆、大学等现代设施。全社会能够积累、分享知识之后，文明得以迅速发展。后来工业革命兴起，贵族、神职人员等消失于历史舞台。拥护资本主义、民主主义的商人、知识分子、军人成为社会主角，历经几个世纪之后，这些人构成了现代社会的基础。

后来互联网诞生，由于搜索引擎的出现，这种趋势进一步加速，出现了知识爆炸。垄断性的“知识渊博”失去了价值。

这一系列变化都源于因西方活字印刷术的出现而实现的"知识民主化"。同样，由于现今的科技不断发展推动"经济民主化"，很多人都能独立构建经济系统，未来的社会变化会远超我们的想象。和现代的知识爆炸相同，未来也会发生"金钱爆炸"，将来人们不会像现在这样认为金钱非常珍贵。

现在任何人只要利用互联网搜索一下，就能立刻获得知识。反而是如何利用信息和知识的方法变得很重要。同样在未来时代里，金钱本身也将失去价值，反而是如何创建、运转经济系统才是更重要的。

第3章

从资本主义到价值主义

资本主义的局限性

自20世纪90年代后半期的“雷曼危机”时期开始，人们对当下资本主义的怀疑就从未停止过。尽管历史上除了雷曼危机，还发生过好几次金融危机，但很多人是从雷曼危机开始感觉到金融与实体经济过于分离。

专业人士设计各种金融方案，运用金融工程创建复杂的金融衍生商品，到最后不管是产品设计者本人还是普通人，都不知道那些金融商品到底是什么。

我们公司经常分析各种市场数据，最难预测的市场就是股票、外汇等金融市场。零售、媒体等领域需要观察的指标数量不多，外部因素引发的变化也十分有限。金融市场需要观察的指标很多，而且各个指标之间都有着千丝万缕的联系，因此预测金融市场极其困难。另外，即便发现了某些规律，外部环境一旦变化，建立在规律上的预测模型立刻就无法使用了。

如此难以操纵的市场，被金融从业人士用似是而非推导出来的计算公式分类打包并大量出售，因此出现类似雷曼危机的金融危机不可避免。由于金融危机产生的冲击，创业、从事非营利组织类活动的年轻人逐渐增多了。

这一时期，很多人意识到资本主义的发展过犹不及。人类总是追求平衡，在迅速变得富裕的同时，也会对这种力量感到畏惧。

资本主义和金融业发生的危机事件是因为过于把手段当目的。原本金钱具有价值交换、保存、度量等功能，银行、证券、实业等行业都是为了给人们的生活提供便利。金钱只是一种工具。

可是人们越来越多地强调“使金钱增值”这种手段，很多人似乎就只能看到这一点。最终，金钱远远地脱离实体经济和人们的日常生活。

高考也与之类似。本来是为了实现未来的梦想而努力去考入理想的大学，但现在大家都着了魔似地去提高“分数”，已经忘记了想上大学的初心。

对于执着于“钱生钱”累积财富的世态，一些人开始思考金钱的本真。

资产经济的日趋庞大和资金过剩现象

实际上，我们所生活的经济系统至少是由两种性质不同的经济形态混合而成的。通过劳动获取工资，再去便利店消费，这种普通经济被称为“消费经济”（实体经济），大多数人的生活都与这种经济密切相关。

另外一个“钱生钱”的经济即“资产经济”（金融经济），与这类经济形态密不可分的是资本家、金融人士等社会上极少一部分人。

可是，社会上流通的金钱中将近90%都是由资产经济所产生的。普通人吃饭穿衣花掉的钱，在社会全部金钱流通中的占比不超过10%。一般人听到这个结论，可能会觉得不可思议，因为生活中很少见到靠股票、利息生活的人。

但统计数字确切地表明了形成大多数资金流的是少数人运作的资产经济，而不是大家熟悉的消费经济。

在商业、服务领域，消费交易需要花费时间，但“钱生钱”就只需要电脑数据通信，因此两者的流通速度完全不同。而且，游客换外汇的金额和投资银行外汇经销商进行买卖的金额数量级完全不同。

大致来看，一成消费经济加九成资产经济便构成了整个经济体系。由于资产经济建立在消费经济的利息、手续费之上，因此消费经济稍有改变，资产经济就会大幅变动。这就类似于地震时位于大厦一百层的震感要远大于第一层的震感。

现在，资产经济相对消费经济的比例越来越高，经济状况更加不稳定。人们不再消费，发达国家的消费经济正在萎缩。放弃物质享受的极简主义者不断增加，他们购买类似优衣库这种便宜好用的商品，不买房、不买车，过着简单的生活。

另一方面，资产经济的规模不断扩大，金融资本在全球范围内寻找投资标的。

收益高的金融产品越来越少，现在金融行业资金充足却缺少好的投资对象。日本2017年企业的内部留存资金达到了历史最高水平的406万亿日元。

软银集团之前也是为阿联酋政府等财团提供融资服务，创建了一只10万亿日元的基金积极投资全世界的科技企业。沃伦·巴菲特（Warren Buffett）掌管的伯克希尔·哈撒韦公司也在为如何使用公司的10万亿日元现金而绞尽脑汁。

资产经济的占比逐渐变大，资金开始滞留，反而是投资标的比较稀缺。

在融资比较容易的环境中，资金本身的价值相对而言正在不断下降。相反，像信赖、时间、个性这种增长困难、用金钱买不到的东西的价值正在不断上升。

难以换成金钱的“价值”

相信很多人都会感觉到，在现在的资本主义经济中，有些东西虽然没法换成金钱，但还是有价值的。比如非营利组织主导的义工活动、地方创新项目等。

由于社会过于强调金钱的重要性，大家都觉得没法换成金钱、无法在财务报表上反映的东西就没有价值。有些大家都感觉没有存在价值的东西，因为操纵金钱的手段高明，反而具有很高的地位。

资本主义的价值和人们感觉的价值之间有着巨大的鸿沟，导致很多人产生违和感。

金钱的影响力因资本主义的发展而逐渐变强，逐渐偏离了人们所感觉到的价值标准。原本人们感觉到有价值的东西才能换成金钱，现在反倒是人们感觉那些毫无价值的东西，资产价值在不断增长。

金钱和价值的关系逐渐背离。现在很多人对金钱与价值之间的脱轨产生了质疑，并开始有了反向发展的迹象。

IT等新科技诞生之后，人类的一些固有概念不得不改变。

之前文字的主要记录介质是纸，由于IT技术的发展，现在可以进行电子记录并自由发送文字，因而使用纸笔变成了文字的记录手段之一。

可以说由于IT技术的诞生，纸张的作用大幅度下降。同样，IT技术也能让价值交换实现电子化，因此能使现有的金钱成为其中的一种价值媒介。

原本金钱作为唯一的价值媒介而产生的垄断地位正在终结。保存、交换、测量价值的功能，不必再通过我们一直使用的金钱来实现。

如果除了现在国家发行的货币之外，用户可以使用其他价值交换手段来完成交易的话，用户肯定会选择对自己来说最便利的方式。有可能是国家发行的货币，也有可能是企业发放的积分，还有可能是比特币等虚拟货币，甚至有可能是直接物物交换，选择因人而异。

由于交换介质的多样化，未来人们将不再关注金钱这种手段，而去关注金钱所承载的根源——价值。如果能使价值最大化，就可以利用各种方法在恰当时机和其他价值交换。价值本身就像是一种商品，金钱就像是商品的销售渠道。

假如现在有一个人存款为零，但在推特上有超过100万的粉丝，他想创业的话很可能立马就能在主页上招募到创业伙伴，利用“云筹资”筹集资金，要是遇到问题，还能向粉丝请教。

这个人能把“别人的关注”这种很难进行货币换算的价值，

在恰当时机转换成人脉、金钱、信息等其他价值。要问1亿日元的存款和100万活跃粉丝，哪一项资源更好，答案会因人而异。由于网络的普及，人们可以自由选择不同的方法保存对自己来说更有用的价值。

基金将员工满意度作为判断投资的元素

企业的价值一般是从财务报表中进行判断。通常根据几个公式计算出企业今年的营业收入、利润、资产和负债以及现金流等，从而测算企业的价值。

但是，最近用这种方法越来越难以测算企业的真实价值。现在大部分采用的会计、税务制度出现于网络诞生之前，建立在工业革命时期产品制造、土地买卖等业务模式之上。

发达国家的物质生产极其丰富，制造业已经逐渐衰败，服务业成为产业中心，进而又向IT等全程网络化的方向发展。

在这种产业转换的过程中，建立在物品、土地之上的现代财务报表越来越无法正确评估企业、业务的价值。有些可以作为无形资产在报表上反映，但只占到很小一部分。比如互联网公司最大的资产就是那些使用本公司产品的用户，从中获取的用户购买行为的数据也具有非常重要的价值。但是这些在财务报表中全都没有反映出来。

我和SEPTENI公司的CEO佐藤光纪吃饭时，听他讲了一些特别有意思的事情。国外的一些机构投资者把企业员工的满意度调查数据纳入了投资决策的参考因素中。这是非常合理的举措，IT企业的财务报表无法全面客观地反映企业在新时期的竞争优势，只用财务报表很难准确预测企业的未来。

对于不经营实体商品的企业——尤其是互联网企业来说，“人”很重要。能否招到优秀人才并让员工认识到工作的价值，关系到企业的生存与发展。

硅谷的谷歌、脸书、亚马逊等知名企业为能招到优秀人才，都在完备企业员工的各项福利待遇，多方面展开“抢人”竞争。聚集优秀人才的企业，能够开展创新并引领下一代的技术革新。优秀人才逃离的企业肯定会被时代淘汰，这就是IT的世界。

预测3年以上的中期发展时，根据企业的受欢迎程度和优秀员工的满意度来判断可否投资，可以说是非常合理的方法。

如果将来员工满意度等数据也能算作“资产”，也许能够成为企业价值的一部分。

无法作为资产的数据“价值”

通常互联网企业有两项“资产”不具备财务报表上的价值，一项是“人才”，另一项是“数据”。

服务器上的数据一直作为一种“不具有价值”的东西而被传统金融行业所忽视。但互联网企业的价值就在于这种数据，如果失去了会员数据、购买数据、广告通信数据，互联网企业恐怕就要倒闭了。

如果丢失了桌椅、电脑等办公用品，互联网企业完全不会在乎，但如果丢失了数据，这些企业就完了。因此数据才有价值，数据才是能够赚钱的“资产”。现在的金融、会计等制度没有涵盖这一点，经常在测算企业价值时发生偏差。

很多人都预想不到，2004年由“宅男”大学生扎克伯格开发的大学生交友网站的市值有朝一日能够远超日本最大的汽车制造商丰田。

当脸书的市场估值达到1万亿日元时（现在已经达到50万亿日元），它的营业收入、利润都还很少。很多擅长从财务报表计算企业价值的金融人士称脸书是毫无价值的“泡沫”。但当时脸书的全球用户已达数亿，它没有花费高额广告经费，却能依靠用户的口口相传不断增加用户数量，从而实现持续扩张。

脸书的最大价值就是用户数据，只是这些数据的价值没有换成金钱而已。如果这些用户行为数据可以作为资产反映在企业价值上，应该就不会出现上述这种认知偏差。可以说，金融体系越来越不能正确认识现实世界的价值。

例如脸书花费2万亿日元收购年营业收入只有20亿日元的WhatsApp，单从金融角度来看，这次收购溢价实在太高。但如果把WhatsApp看成是给世界上4亿用户提供沟通功能的基础设施的话，就会觉得这次交易是妥当的。

现在我们还没有建立类似把WhatsApp的用户价值转换成现实世界的“资本”的机制，但实现这种转换只是时间问题。脸书将近18万亿日元的市值也是受到全球12亿用户的社交图谱这种内在价值的支撑，因此脸书的管理层看到了这种根源的价值而支付了2万亿日元是合情合理的。

我们再来看看谷歌的例子。谷歌的现在市值大约是70万亿日元，比日本所有IT企业的市值总和还要高。2016年，谷歌实现8万亿日元的营业收入，2万亿日元的利润。只从数字来看，日本有很多公司的营业收入和利润率比谷歌都要高，因此给人感觉谷歌股票的市盈率很高。

谷歌有一种创造利润的手段，它把从搜索引擎、安卓、YouTube获得的信息存储成数据，利用AdWorks广告系统，可以在恰当的时机转换成现实世界的营业收入。现在的会计准则还无法把“信息”（服务器上的记录）算作资产，可见我们从利润表、资产负债表上看到的谷歌公司的规模和谷歌在现实世界的影响力之间有着很大的差距。

对谷歌来说，信息这种“价值”也好，销售利润这种“金钱”也好，它们只是呈现的形式不同，但实质都一样。只要拥有那些海量信息，就一定会有20万亿日元的营业收入（想得到营业收入，只要增加付费项目和广告投放就行）。如果刻意拿出更多信息换成金钱，谷歌的实体规模会更大。金钱控制企业是资本主义，而谷歌的这种情况是企业控制金钱。

上述两家企业都是IT公司，今后互联网将和所有设备连接，渗透到所有行业，社会上将不再有“IT企业”这种分类，所有企业都会利用IT技术。科技的发展会使人们认识到数据的真正价值，企业的发展已经难以用金钱来衡量价值，这表明现在的金融体系已经达到了极限。

资本主义向“价值主义”的转变

从前述案例我们可以获知，资本主义的金钱已经无法正确认识、评价现实世界的价值。今后世界的中心将不再是可视化的资本，而是转换成资本之前的价值。

我将这种趋势称为“价值主义”，而不是“资本主义”。它们的规则不同。资本主义看来无意义的行为，有时从价值主义的角度来看也会有意义。

资本主义最重要的是资本最大化，简单来说就是追求“钱生钱”。不管一项互联网产品的用户群多么庞大、多么狂热，只要没法转换成金钱，资本主义的经济系统就会认为它不存在价值。相反，一个产品即便毫无实际价值，只要能够顺利转换成金钱、资本，就会得到好评。

价值主义最重要的是价值最大化。价值的定义非常模糊，有时指经济上能满足人类欲望的现实世界的实用性，有时也指伦理、精神层面的真、善、美、爱等提高人类社会存续性的抽象概念。

另外，我们有时也把稀缺性、独自性当成一种价值。传统资本主义经济一般是指能满足人们欲望的消费价值，但价值主义中的价值，不单纯是指使用价值。

兴奋、好感、羡慕等人类的感情和同理心、信用等理念虽然无法消费，但都具有重要价值。价值主义认为，所有具有经济实用性、提升人类的精神效用或全社会积极普遍性的对象都具有价值。

传统的价值主要是指消费角度的使用价值，但随着人类社会富裕起来，物质、服务都已经接近饱和，消费、使用价值的重要性正在减弱。而以年轻人为主，满足精神层面需求、社会贡献度等非物质文化的重要性不断提高。

有一些毕业于名牌大学、拿到超一流企业录用通知的精英们放弃入职而去创业，或者从事非营利团体等公益活动，从资本主义的价值取向来看这是一种非理性的选择，但从价值主义来看可以算是一种合理决策。

如果把所有价值最大化，这种价值随时都能换成金钱，也能够和除金钱之外的东西进行交换。那么金钱只不过是资本主义经济中价值的可使用形态，只不过是其中的一种价值媒介。

YouTube的网红人气越高，越怕失去粉丝、节目订阅者，反倒是不怕没钱。这是因为网红非常明白，自己的价值就在于观众的兴趣、关注，金钱只不过是这种价值的转换形式。对他们来说，最重要的就是把粉丝、用户们的兴趣、关注等精神价值最大化。

如果我们的焦点从资本最大化转移到资本的根源价值最大化，世界会发生什么样的变化呢？下面我将介绍价值主义的特征和能够想象得到的变化。

“价值”的三种分类

我们平时所说的“价值”这个词包含各种不同的意思。我认为价值这个词的含义实际可以分为三类，那就是有用性价值、内含价值、社会价值。

有用性价值

有用性价值是大家最熟悉的资本主义主流价值。在经济、经营、金融、会计等领域，只要一出现“价值”这个词，就是指有用性、有益性和实用性价值。简单来说就是“有没有用”的价值。这种价值建立在能使用、利用、赚钱等现实世界收益的前提之上。基本上在现在的经济体系中能转换成资本的东西才有价值。因此，无法直接换成金钱、在现实世界里无法使用的东西，从有用性的角度来看，就没有价值。

内含价值

和注重实际用处的角度不同，价值有时也指和个人的内在感情相关的东西。爱情、共情、兴奋、好感、信赖等，虽然在现实生活中没什么用，但对个人内心具有积极效果时，我们也会说这种事物有价值。从有用性的观点来看，个人心中想什么完全没有关系，这些感情没有什么用处。因为感情和消费、实用性毫无关系。但是当我们看见美景时、和朋友共度美好时光时，对我们的内心来说这些事情是有价值的。

社会价值

资本主义认为追求个人利益有利于整体利益。像慈善活动、非营利组织等为提高全社会可持续性所进行的活动，我们也会说它们有价值。从金融、经营的角度来看，这些活动不过是单纯地支出费用而没有产出，至少不能说有价值。但很多人都觉得在沙漠里植树、在发展中国家办学校等活动是有价值的。

以上概括的价值，我们获得它们时即便不区分三种不同的概念也能明白。它们都会刺激我们大脑的报酬神经系统，大脑把它们当成是同样的报酬。

弥补资本主义局限性的“价值主义”

资本主义的局限性在于只把有用性价值当作价值，无视其他两种价值。实际上如果只追求有用性价值，而无视内含价值和社会价值，整个体系最终会崩溃。比如企业只追求自己公司的利润，迫使员工在恶劣的劳动环境中工作，并且不关注任何社会价值，这种企业往往也吸引不到优秀的人才，招致内部举报、员工叛离，也得不到消费者的认同。如果没什么特权，企业很可能会慢慢衰败。在资本主义社会中，如果无视内含价值和社会价值，也无法持续下去。

价值主义中的价值，不仅是指有用性价值，它还包括人类内在价值，提高整体可持续性的社会价值等所有价值。和有用性价值相比，内含价值和社会价值都不是物质化的，它们的概念非常模糊，必须利用科技来界定。

所谓的价值主义并不是和资本主义完全不同的思维体系，而是利用科技的力量覆盖了资本主义尚未意识到的领域，它可以算是资本主义的一种衍生派系。

同感、感谢等内在价值的可视化和流通

我们前面已经讲过，资本主义经济体系中能够转换为资本的价值几乎都是指向现实世界里的实用性、使用价值。而从他人获得的同感、好意、信赖、关注等人类的内在情感，在现有的经济系统中就难以算作价值。

原因很简单，因为这些精神层面的事物用眼睛看不见。

这些内在价值的概念都非常抽象。但即便我们不认同它们有经济价值，不能算作资本，我们也承认它们的确具有一定的社会影响力。

今后，这种在资本主义经济体系中不能算作资本的人类内在感情也将具有价值。智能手机的普及使得很多人时常在线，人们的各种内在情感反应也能够作为一种数据进行可视化管理。

典型的就是关注、兴趣、关心等这类感情。在互联网普及之前，它们是非常抽象、内在性的概念，由于推特、Instagram等社交媒体的兴盛，一个人有多少粉丝、受到多少人关注，也可以用数值来表示了。

另外，浏览数量、反馈数量等数据可以实时掌握，自己的发言得到多少人关注也能够直观地看到。脸书还设置了能表达多种感情的点赞功能，用户看到上传内容之后的感受也能进行具体分类。

如果内在价值能转化成数据，就能把这些数据进行比较，还能进一步通证化，从而建立起以内含价值为中心的独特经济系统。此类经济系统的典型案例就是评价经济、信用经济。下一节我们将详细解说。

最近有几家公司发行了内部代币。各家的代币设计都不相同，但一般公司的职员每月都能获得一定数量的内部代币，可以送给同事表示感谢。

因此员工可以采用打赏的形式，在社交网站上赠送内部货币给曾经帮助过自己、合作协同的同事。员工收到货币之后，可以和公司会计核算兑换成工资，也可以存起来送给别人。

这种系统把感谢这种内在价值转化为货币，建立了一种只存在于公司内部的独特经济系统。肯定有人因为想要增加收入而特意去帮助别人，但这些钱和工资比起来只是微乎其微。这种内部货币不如说是员工之间优化人际关系的润滑油。

生日礼物、土特产等物品的实用性价值并不重要，重要的是心意，内部代币也与之类似。

在今后的时代里，过去很难呈现的人类内含价值也可以转化为一种可视化的数据，并且将很容易流通。

评价经济的陷阱

着眼于上述内在价值的典型经济形态就是热门的评价经济、信用经济。两者意思差不多，它们都指不用金钱，而是依靠他人评价、信用等人类内在感受运转的经济系统。在社交媒体上拥有众多粉丝的网红们有着巨大的消费影响力，发挥着一些媒体的作用。这种现象也是评价经济、信用经济的一部分。

评价经济、信用经济的扩展方式和现在以金钱为中心的经济模式不同。大多数评价经济、信用经济都采用如下模式。

首先，经营者会在社交媒体上积极发布信息。这些信息在网上引起了很多人的关注。如果对经营者和发布的信息有同感、好感的人数增多的话，经营者就会在网上给一些好评。通过好评聚集粉丝发布信息，会让信息扩散更加容易，经营者就有机会获得更多的好评，因此关注度和好评就能像滚雪球似的不断增殖。

这种方式和资本主义中用“钱生钱”的金融业相同，从好评中获得好评，能够运用杠杆产生更强的扩散能力。从中获得的影响力、认知、好评等价值就像金钱一样，可以和各种东西交换。利用广告把影响力换成金钱，或者利用好评换成和知名人物见面的机会，实际上它们已经具有了货币功能。

影响力、好评等这些无形的东西如果能变成通证流通，将有更多的人体验到以内在价值为中心运转的经济。

但是不知为何，很多人对评价经济、信用经济抱有负面印象。我们探讨一下其中的原因。

很多人之所以对评价经济、信用经济没有好感是因为现在大多数引起热议的并不是好评、信用，而是关注、关心，这是我最先想到的原因。

网红们获得的是兴趣、关心、关注，不是好评、信用。故意给出博人眼球的发言以获取关注的人，虽然获得了关注，但并不能说获得了好评、信用。

登录次数、关注数量等数据和兴趣、关注、好评、信用等评价信息混在一起，没法把它们进行明确区分。从粉丝数量、登录次数等简单指标也无法判断一个人是得到了好评还是关注，还是只是被不明所以的人围观瞎起哄了。要说现在发生的很多事是关注经济、关心经济的话，相信很多人都会认同。

本来只是关注、关心的一些事物，被替换成好评、信用等更深层次的概念，因此才有很多人对此没有好感。

另一个原因就是有些人为了获得关注、关心等特定的内在价值，有时会牺牲同感、好意等其他内在价值和治安、伦理等方面的社会价值。关注经济、关心经济更容易获得成功的模式就是做出任何牺牲去尽可能获得关注度。比如经常有人录制一些存在伦理争议的视频传到网络平台上，期望变成热门话题获取点击量。利用这种方式，节目的观众数量的确会增长，博主能够获得观众的关注、关心，播放次数如果足够多，平台也会支付给博主一些广告费。

很多看了引发争议视频的观众，在好奇心、猎奇心理得到满足的同时，也会感觉同感、好意等其他内含价值以及与社会存续相关的治安、伦理等社会价值受到了损害。很多人在内心其实接受不了为了博取关注而牺牲其他正面价值的行为。

越来越多的人对资本主义抱有怀疑态度，恐怕也是出于相同的原因。资本主义为了让钱增值可以不择手段，能赚钱就是成功。

现在有很多人为了赚钱，欺诈、强逼而损害他人的内含价值，认为赚钱就是人生的全部，失去了心灵的富足，牺牲了自己的内含价值。

另外，很多人目睹了过于追求个人利益导致的雷曼危机等金融危机，贫富差距造成的恐怖主义、战争，威胁人类生存、牺牲社会价值的生态环境破坏和污染等。一切以实用性价值优先，牺牲内含价值、社会价值的行为，让很多人开始意识到资本主义发展的过犹不及。

如果评价经济、信用经济中也出现为了博取关注而牺牲同感、好意或伦理感、治安等的行为，那么世人也会像对待资本主义一样，想要暂停这些行为。很多人感到，产生违和感就具有叫停的作用。

人类社会依靠一种绝妙的均衡来维系。如果过于推崇某种价值而毁损其他价值，社会就会发生动荡以恢复均衡状态。

我们一直都在强调评价经济、信用经济的优点，但从根本上来说，不管哪个系统发展得过火，都可能产生和资本主义相同的问题，大家要意识到这一点。

社会价值、社会资本的可视化

从金钱增值的角度，我们将日常的金钱、不动产、股票称为金融资本。金钱不增值但对全社会产生价值的资本被称为“社会资本”。

美国政治学家罗伯特·巴特纳姆（Robert D.Putnam）将社会的特征定义为通过人与人之间的协调行动提高社会效率的信赖、规范、网络等社会体系。

社会资本把为使社会朝向良性发展的必要社会网络当成一种资产，它的理念建立在社会是由个人连接而成的前提之上。资本主义认为追求个人利益有利于整体利益，但实际上过度的利己主义有毁灭全社会的危险性。社会资本的这种理念其实是对资本主义的一种反省，已经引起了世人的瞩目。

传统经济中善于使资本增值的人（企业经营者、投资者）拥有很大权势，而今后善于使社会资本增值的人也会拥有很大权势。

现在，社交媒体让分享感受的人际传播变得非常简单，能将所有人的反应和情感转化成可视化的数据，还能利用区块链将这些数据作为通证流通，利用比特币进行云募资也能方便地跨境转移价值。

由于科技的发展，对于一些可能赚不到钱但拥有巨大经济推动力的项目，很多人都认为它们有价值。

价值主义将社会资本的价值可视化之后，经济效益的实现规则将和资本主义不同。

营利和非营利的界限将会消失

资本主义追逐利润的行为也会发生变化。如果消费者能够得到全世界的信息，企业将无法再欺骗消费者，或占据有利条件提供服务，攫取利益。如果企业销售了劣质商品，差评瞬间就能通过网络扩散开来，对这一商品感兴趣的用户搜索时就能看见这些差评。

过去企业利用信息优势、市场特权可以获取利益。现在消费者利用网络能够查到所有相关信息，自己做出最恰当的选择。借助网络集合的大量知识，消费者迅速变得聪明起来。今后企业如果不提供真正有价值的服务，就很难获得利益，未来将是一个价值和利益相对等的时代。

另一方面，原来看似毫无魅力的研究开发事业、社会贡献事业也汇集了很多支持者，逐渐能够产出收益。

Paypal创始人埃隆·马斯克（Elon Musk）经营的特斯拉汽车公司为抑制二氧化碳的排放而研发了电动车。看到特斯拉的成功案例，传统的大型汽车生产商都开始认真投入电动车的研发。如果全球所有的汽车生产商都加入进来，二氧化碳减排和能源问题很有可能出现新的进展。埃隆·马斯克同时还经营着一家名为SpaceX的民营火箭研发公司，计划以原来十分之一的成本研制火箭。火箭研发本来是美国国家航空航天局（NASA）等政府机构的投资领域，民营企业单独研发的门槛过高。风投企业现在已经将太空探索领域纳入了商业范围。

另外，类似消灭贫困这类课题一般属于非营利活动，孟加拉国的格莱珉银行（Grameen Bank）发起的小额贷款把消灭贫困变成了一种能产出收益的商业活动。

穆罕默德·尤努斯（Muhammad Yunus）为消灭贫穷在孟加拉国创办了格莱珉银行，向穷人提供低息小额贷款。尤努斯通过这家银行把慈善事业变成了可持续的商业模式，不依赖捐款和政府拨款，帮助数百万人脱离贫困。人们很容易认为贫困是一个政治问题，可是尤努斯发现了在经济领域消灭贫困的商业模式（尤努斯后来获得了诺贝尔和平奖）。用商业手段解决社会课题的“社会商业”也是尤努斯所提倡的方式。

随着智能手机、区块链等科技的普及，世界上任何人都能够简单便捷地建立一套以价值为中心的独特经济系统，今后这种趋势还将进一步加速。

相反，大多数想要“轻松赚钱”的生意到了信息公开的世界里会导致过度竞争，最终反而很难产生令人满意的收益。

现在人类社会的趋势是有社会价值的组织越来越容易产出收益，而只追求利润的公司过于追求短期收益，要么失去消费者的信赖，要么被迫加入过度竞争，长远来看难以产生收益。几十年后，营利和非营利之间的区别将消失，人们将从价值的角度来看待所有活动。

经济和政治的界限也会消失

如果只看经济方面，只是单位变化并不算大变化，但如果把适用范围扩展到全社会，那就是相当大的变化。如果我们从价值的角度来看，就会明白明确区分政治和经济是没有意义的。

市场经济刺激人类的欲望，支持那些“想过上更好生活”的人们实现自己的目标。因此经济系统有金钱和市场的手段。经济系统承担着提高每个人生活水平的功能。相反，民主政治倾听所有人的不满，旨在做出全员都能接受的决策。政治系统的手段有议会和政府。政治不是为了让特定的人过上更好的生活，它承担着提高整体生活水平的功能。

现代社会前行的两个车轮就是市场经济和民主政治，两者处于一种平衡状态。市场经济不擅长的领域让民主政治承担，民主政治难以主导的领域就委托给市场经济。

如果我们从价值的角度重新看待这一问题，不难发现经济和政治是同一种活动，只是方式不同被分成了两类。

消灭贫困本来是政治课题，但尤努斯的格莱珉银行成功地在经济领域提出了解决贫困问题的方案。

谷歌、脸书也在进行各种投资，为尚未普遍接入互联网的国家居民提供免费的无线上网服务。这些公司也许是为了扩展自身的商业版图，但对于几十亿IT基础设施尚不完备的贫困地区人民来说，其价值也无法衡量。

价值主义中企业提供的价值和经济的成功密切相连，要想向更多的人提供价值，商业必然会带有公益性。另一方面，如果非政府组织想实现消灭贫困等政治目的，应该去追求不依赖捐款、政府拨款等手段的商业可持续性。

如果在经济活动中追求公益性，在政治活动中追求商业可持续性，那么经济和政治的分界线会逐渐模糊起来。价值主义就是存于这条分界线之中的思维方式。

基本收入制度普及之后的金钱

人工智能等科技迅速发展，大部分劳动力将失去价值。机器相比人类劳动力成本更低、效率更高。如此一来，大部分人都会失业。

因而，越来越多的国家正在探讨引入基本收入制度。基本收入制度就是给所有国民发放最低限度的必要生活费制度。日本、欧洲的低保类社会保障制度将推广到所有国家。或者由大企业免费提供公共服务，大幅降低民众的生活成本，这种方式也可以看成基本收入的一种保障。

比如谷歌提供免费居住的公寓，在这个公寓里住户只能使用谷歌公司的产品。人居住在这种公寓里，可以使用谷歌免费的无线网络，电脑、手机都预装了谷歌的浏览器和安卓系统，配备了谷歌智能家居系统，通过谷歌的智能家电系统可以控制全家的家电设备。

谷歌分析公寓居住者的生活模式以获取数据，然后用来改善公司的产品，用户可以在此免费生活。当然，很多人会觉得居住在这种公寓里非常不舒服，所以这种方式只适合特定范围的人。发放最低限度的生活费和无偿提供生活必要服务的效果是相同的。

之前我们已经讲过，由于发达国家满足人们最低限度生活水平的能力不断增强，人们的物欲逐渐减少，越来越多的人开始追求除金钱以外的意义。

如果所有人都不工作也能生存下去，那金钱将具有什么意义呢？我们稍微扩展一下想象力。人们将不再为了赚钱去做自己讨厌的工作，可以从不得不去挣钱和劳动的困境中解放出来。

金钱的相对价值会进一步下降。现在金钱还能驱动人们去做一些事，但在没有生活压力的人看来，钱多点儿生活会更便利，但不去赚钱也能生活下去。因此金钱将失去改变人们行动的魔力。现在经济中驱动力最强的赚钱欲望（金钱欲）将没法发挥作用。

可以设想，引入基本收入制度之后，人类的金钱欲望将消失，那时人类的生活方式或许会和现在的完全不同。现代人的很多决策都取决于是否赚钱。毕业生就业时，工资高、稳定的企业最受欢迎。名校毕业生才最有可能到这类企业中就职。另外结婚对象的年收入情况也是一项重要条件。因为大家都认为生活等同于赚钱。

基本收入制度普及之后，人们肯定不会再这样认为。即便不去工作赚钱，也能维持生活，而有很多钱的人也不会像现在这样被人羡慕。因此赚钱不再是一种“特长”，赚钱能力也不会有现在这样高的价值。

商业活动中将这种原本稀缺的东西实现大量供给后价值下

跌的现象称为“商品化”，基本收入制度将迅速推动金钱实现“商品化”。

选择“经济”

讲到这个题目，就会无法避免谈到“现有经济”和“新经济”的优劣及比较，但在此我想探讨的问题与之完全相反。

其实我想说，几种经济系统是可以并存的。

现在，经济系统中处于优势的人并不需要新系统，而对境遇不顺的人来说，新系统就是必要的。每个人的生活状况和个性不同，适合的经济系统也不同。原来需要统一的制度是由于存在物理性的制约，现在网络已经如此发达，互联网可以使多种经济系统同时存在，因此没有必要把所有人都框定在同一个系统中。

网络充分普及之后，人们不会再去思考什么是正确的，而会逐渐接受“不存在唯一正确答案，最佳选择因人而异”的思维方式。必须统一为一个整体是过去时代技术上无法实现层叠化世界的旧想法。

从事什么职业、和谁结婚、信仰什么宗教、拥有什么政治思想，都是我们的自由。同样，感觉什么有价值、存储什么资产、在什么经济系统中生存，也会变成自己的选择。我们现在正处于这个转变过程中。

因而不再有比较优劣、强迫他人接受自己标准的必要，只需要选择适合自己的经济系统就好。

过去如何设计经济系统是由政府决定的，我们现在生活的时代，可以产生像比特币那样依靠个人创意建立起规模庞大的独特经济系统，这样的创新活动不需要巨大资本，也不需要多达几千位员工，需要的只是对经济机制的理解和自由的想象力。

最近，我看到一则日本冲绳发行琉球币振兴地方经济的新闻。不仅仅地方公共团体，未来这种趋势还将蔓延到银行、民营企业、非营利组织、商业街、学校、粉丝俱乐部等组织。只要能开发出令人耳目一新的项目，任何人都有机会建立一套独特的经济系统。

以前无法尝试的各种新经济形式都能有条件进行实验，几种不同的经济系统可以互相竞争、强者生存，经济系统自身就存在竞争和淘汰机制。参与者可以选择最适合自己的经济系统。

当只有一种经济系统运行时，贫富差距问题是致命的，当存在若干个经济系统允许参与者自由选择时，贫富差距问题或许能够得到缓解。另外几种经济系统互相竞争，能够彼此制约，防止出现失控情况。

由于共享经济、区块链等分散技术的发展，互联网公司也在趋于分散化，经济系统本身也呈现多样化，由此产生了“二重分散”的趋势。

比如在以日本政府发行的日元为中心建立的经济系统中，员工从公司领取日元作为工资，然后在便利店、商场等商业机构消费。日元是日本政府管理的中央集权货币，支付工资的公司、提供商品的便利店等，都是存在管理者的中央集权组织。

随着分散化趋势的进展，大家可以把资产分散投资为比特币、日元、乐天积分等，在共享经济的App上领取通证作为自己的劳动报酬，然后用通证从网上购物。此时大家就横跨了好几种经济系统，持有资产也处于分散的状态。

分散于若干个不同经济系统的经营业务，不需要管理人即可在分散网络上完成交易的状态，被称为“双重分散”。

在若干个经济系统中生存的安全感

过去在村庄等小型熟人社区中，居民一旦遭遇困难，大家可以互相帮助。整个社区相当于一个互助会，起到一种安全网的作用。现在大城市里邻居之间交往渐少，大家经常不知道自己隔壁的邻居都是谁。

如果共享经济、通证经济等能够普及开来，诞生的无数小经济系统，也许能够在城市生活中发挥类似安全网的作用。

有些人在现在的市场经济中没能顺利找到自己的位置，但在规则全然不同的互联网通证经济中，也许这些人能够活跃起来。如果存在好几个规则不同的小经济系统，即便在一个经济系统中失败了，还能换一个经济系统重来。

比如有的人沟通能力不强，在需要沟通能力的职场中很难做出成绩，但他唱歌很好，只是比不上职业歌手罢了。

在现实社会中，唱歌好的优势只能在卡拉OK、聚会上出出风头，但今后这种原本被认为没价值的兴趣爱好也有机会成为一个强项。这类人下班之后可以把自己唱歌的视频传到网上，有人观看之后产生兴趣就会有许多粉丝追随，如果在App应用的初期就注册账户，人气还会更高。最后App的用户变多，博主之间的竞争也会更加激烈，可能人气不再像之前那么高，但是随着App的发展，博主拥有的通证价值也有机会上涨。即便博主不再像原来那样有人气，之前的活动也赚到了一笔资产。

博主可以把通证变现成法定货币，也可以转移到别的App上经营自己的栏目。如果靠直播可以生活的话，完全可以辞掉自己原先那份不擅长的工作了。

如果若干个经济系统可以并存，现有经济系统中的边缘人就有了更多选择。由于增加了选项，很多人愿意承担风险去积极尝试新鲜事物。如果只存在一个大的经济系统，人失败一次就很难重新出发。

以时间作为通货的经济系统

最近我终于通过亲身经历理解了金钱和经济，也想建立自己想要的经济系统。除了金钱以外，还有另外一项事物，也是我常年都在思考的，那就是“时间”。我决定尝试建立一套混合金钱和时间两种元素的“时间经济”。

在本书写作期间，我设立了一家名为“Time Bank”的“时间交易所”。在这个市场中，人们可以自由买卖、持有、使用时间。专家可以在Time Bank上出售自己的时间赚钱。

用户可以买入自己喜欢的专家的时间。这些时间事先都已经设定好了用途，除了既定用途之外，没法用作他用。

要是想长期支持某个专家，用户还可以买入他的时间并一直持有。持有的时间随时可以以市场价格出售。

我想利用这个项目做三项实验。第一项是之前讲过的建立一个能够选择经济的时代；第二项是建立一套以个人为主角的经济系统；第三项是建立一套以时间为货币的经济系统。

以个人为主角的经济系统

互联网诞生之后，个人也有条件从事之前一直由大企业操作的生意。成不了作家，可以写博客；成不了歌手，可以在视频网站上发布唱歌视频；开不了实体店可以在网店上卖东西；不在办公室坐班也可以通过外包接活。

个人与企业，实际上完全是不同的赚钱模式。能完全依靠网络工作维持生计的人，终究只是一小部分。对大多数人来说，只不过是赚点零花钱。互联网普及带来的所谓“个人时代”，到现在为止已经有十多年，流量的确与个人紧密相连，但大多数经济活动还是以企业为主。

那么与企业相比，个人有什么不足呢？传统经济中，个人和企业最大的不同在于资产。即便个人获得收入的手段不断增加，但只要没有获得资产这种手段，个人就无法成为经济的主角。

企业在日常经营中能够积累资产，可以利用股票等金融工具扩大生产经营活动。企业的经营者都知道，保持企业的稳定性，除了要有收入，还要有资产。从资产角度来看，个人和企业相比处于绝对的不利地位。

个人要想和企业一样依靠专业性、影响力、信用生存，那么每天在赚取收入时，还要注意持续积累资产。如果个人的时间能像公司的股票一样成为实质的资产，那么个人也能和公司一样，借助杠杆开展经济活动。

如果持有时间资产的人能够获得固定收入，就像股票分红、房产房租一样，相信越来越多的人即便不工作也能生活下去。

如果能够建立一种“时间价值”制度，每月向时间的持有人支付一定数额的时间利息，相信会出现只靠时间利息生活的人。或者时间成为一种公认资产，人们能够以时间为担保借钱。

如果能够给时间赋予市场价值，也许人们还能用时间支付。

现在Time Bank上有几个人每秒的时间价值超过了100日元。如果这些人在饭店吃饭时可以用自己的10秒时间来支付，饭店收到这10秒之后可以卖到市场上换钱，或者出于将来此人时间价值可能会上升的考虑，继续持有这10秒时间，等到每秒上涨到150日元时再卖掉。

以时间为货币的经济系统

设计经济系统时，并不是完全不需要时间。但是我认为时间更适合做货币锚。

锚是铁制的停船器具，用铁链连在船上，把锚抛在水底，可以不让船漂走。货币锚就是为防止货币虚涨，给货币价值背书的重物。锚的实在性越高，货币就越稳定。之前国家发行货币的锚是黄金，但现在实质上已经变成了世界大国的信用。世界上除了货币之外的公认资产只有一个，就是时间的相对概念——空间，即不动产。

自古以来人们就说“时间就是金钱”，但由于时间看不见很难形成流动性，所以人们没把时间当成一种资产。随着互联网和智能手机的普及，时间这种无形模糊的概念成为一种数据。对于经济系统来说，空间、时间都只是一种数据而已，因此把时间变成一种资产的技术基础正在逐步完备。

时间之所以是一种优秀的货币、资产，是因为它具有很好的新陈代谢机能。经济系统衰退就是因为失去了新陈代谢的机能，阶层固化，社会失去活力。

在现在的经济系统中，由于存在利息、信用体系等，随着时间的流逝，金融资本的价值反而越来越大。如果时间能变成一种财产，随着时间的流逝，时间的保有量自然减少，每个人想在优势时期（年轻时）行动的动机就会变强。

20岁的年轻人和70岁的老人相比，自然是20岁年轻人的剩余时间多。他还有很多时间，将来可能获得各种经验，今后他的时间价值可能上升，因此购买年轻人的时间的风险就很低。而老人的时间就完全相反。

所谓的经济，不承担风险就无法运转。经济之所以停滞，就是因为所有人都想存钱，没人愿意消费。

如果金钱随着时间流逝而消逝，那会如何呢？如果金钱无法储存终究会消逝的话，人们就会想去承担风险做自己想做的事。如果时间就是货币，由于没法保存，不使用就会自然消失，就会有越来越多的人想用这些时间去做点什么。

这和前述格塞尔的邮章货币类似（一定时期内纸币必须盖上一定数量的印章，不然就无法使用）。以时间做货币时，由于自身性质决定了时间会强制性消灭，因此比邮章货币更有约束力。

最终拥有很多时间的人就会承担风险去挑战，能够促进经济系统的新陈代谢。

人们常说，“年轻人有时间没钱，老年人有钱没时间”，但在以时间为货币的经济中，年轻人既有时间又有钱，可以去尝试喜欢的事情。那时的世界将和现在完全相反。在少子老龄化的社会中，这种系统或许也能成为激活经济的手段。

Time Bank和VALU的原理

VALU是小川晃平成立的个人价值交易的小型服务商。它不像云募资那样规定特定用途，如果用户想支持某个人，可以去购买那个人发行的VA，它类似一种风险投资交易卡。用户也可以在市场上转卖VA。

VALU聚焦于个人价值，用市场决定个人价值。在VALU系统里，信用、影响力、评价、期待值等各种价值都实现了可视化，互相交织在一起。

Time Bank以时间为切入点并赋予时间价值。Time Bank和VALU的原理都一样，它们利用网络将过去大家感觉有价值但非常难以界定的东西可视化，适用一定的经济原理建立一套与现有规则完全不同的经济系统。

这种经济系统的很多指标、规则与我们所习惯的经济系统不同，很多人会觉得不可思议，也会有人感觉不适应。资本市场已经有将近300年的历史，经历过一些试错才发展至今，新经济系统与之相比当然存在一些尚需改善之处，但现在运行的金融体系在发展初期也同样受到了很多人的质疑。

货币从黄金制成的金币变成可兑换纸币时，也有很多人感觉不安。金本位制终结、纸币失去黄金价值背书时，也引起了很多争议。但几十年之后，得到政府信用背书的纸币照常能够使用。

今后还将诞生无数运行规则以及和现在完全不同的经济系统，各种系统之间进行孰优孰劣的比较没有意义。每个人所处的情况、知识环境不同，应当选择适合自己的经济系统。各种经济系统针对个性化的需求并不断试错，最终得以存留。汽车发明之后，自行车并没有消失；吸尘器发明之后，扫帚也没有消失；各个不同的经济系统也是类似。

从数字时代原住民到通证时代原住民

此前所讲的经济变化、比特币、区块链等新技术，都与传统的经济思维相距甚远。很多拥有10年以上从业经验的金融、咨询专业人士始终无法接受这些概念。

比特币等刚刚问世时，一些金融、经济学者就主张“不可能存在去中心化的货币”“比特币是新型诈骗”等（最近这种论调已经减少了）。这些习惯于现有体系的人，利用旧有的金融、经济体系来理解新事物，还对新事物评头论足。

这就像打了十几年篮球的人，看不惯篮球运动一样。篮球和足球都是球类运动，但规则完全不同。用篮球的规则讨论足球完全没有意义。如果只是一根筋地认为球类运动等于篮球，就算了解其他球类运动，也只会用篮球的标准去看待和理解。

数字时代原住民与之类似。数字时代原住民是指从学生时期就在有电脑、网络的环境中成长起来的一代人。一般是80后和更加年轻的人。

在我小学时期，电脑就已经出现，我也无法想象没有电脑的时代，也没法去对比电脑出现之前和之后的时代。手机、互联网也一样，这些出现之前的世界是什么样的，这些东西的出现导致世界产生了哪些变化，我都无从感受，它们对我来说只不过是一些便利的工具而已。

如果调查一下当时的新闻报道就会发现，电脑、手机刚刚兴起时，都引起了很多争议。有些人认为这些终端能使社会迅速向前发展，也有人认为它们容易被罪犯利用，会使社会乱套，应该进行监管。

社交网站的出现与普及与之类似。从2005年起，MIXI、GREE等大学生社交网站在日本迅速普及开来。当时我刚进大学，单纯觉得这些网站很方便也很有意思，时不时地上去玩一玩。时隔很久之后，我查阅了2005年的新闻报道，发现有很多记者、专家的文章认为社交网站是不法活动的温床，应该尽早制止，我对此感到非常惊讶。

进入社会之后我才意识到，原来我自然而然接触并熟练使用的网站曾经也引起过各种争议，10年间经历各种磨合，终于成为融入社会生活的基础设施。

现在的比特币、区块链、通证经济也和当时社交网站的经历类似。我进入社会已经接近10年，非常了解这些新事物未出现时的社会状况。因此我能够理解比特币等引起很大争议、与社会常识相背离的情形。但是对现在的大学生来说，传统金融、比特币是并行存在的，因此他们能够不带偏见、没有压力地接受比特币。

我和Gumi的国光宏尚社长吃饭时，他提到了“通证时代原住民”这个词语，我认为他的用词非常精准。通证时代原住民是指从出生时就接触、使用比特币、区块链的一代人，他们将从和我们完全不同的角度来看待金钱、经济。未来应该会涌现一些互联网服务和商业模式，是像我这种数字时代原住民想象不到的。我们这一代人说不定也会说必须进行监管。

英国科幻作家道格拉斯·亚当斯（Douglas Adams）生前曾说过一段很有意思的话。

> 人类会把出生时存在的科技当成自然界的一部分。在一个人15岁到35岁之间，他会对新科技发明感觉无比激动，35岁以后，他会对新科技发明产生自然的反感。

我们的大脑一旦形成一种观念，就会在这个观念的框架内进行思考和判断，很难无偏见地看待新生事物。现在的老年人看见一天二十四小时玩手机的年轻人，会感觉非常不安；等我们这一代人年老之后，大概也会对熟练使用通证经济、人工智能、沉迷于虚拟现实技术的下一代人感到担忧。但是正是这种不断的新陈代谢，社会才能进化，今后这种规则还将持续下去。

价值主义就是经济的“民主化”

本章介绍的价值主义可以总结成两大变化相混合的一种现象。

第一就是金钱、经济的“民主化”。

由于新科技的诞生，之前将近300年间一直是由国家专营特许的货币发行、经济系统创建，今后任何人都有机会简单且低成本地实现。发行货币既不需要用金银铜铸造硬币，也不需要用防伪措施印刷纸币。在区块链上记录规则，在交易过程中不断改善即可。

只要有智能手机，任何人都可以参与这一经济系统。货币发行、商业模式将不断创新。

第二是建立了一套以无法用资本来衡量的价值运转的经济系统。

我们之前讲过，日常使用的价值可以分为三种含意：第一，现实世界里的有用性，第二，和个人感情相关的内含价值，第三，提高共同体持续性的社会价值。

现今的资本主义只把现实世界里的有用性认可为价值。因此，从有用性的观点来看，内含价值就完全没有价值。资本主义认为，追求个人利益最大化有利于整体利益，因此贡献于共同体的社会价值只是在做好事或被视为“成本”。

但实际上内含价值和社会价值都能间接对经济产生很大影响。历史已经证明，无视他人感情和社会性而只追求自身利益的行为和组织无法长久存续。由于新科技的诞生，内含价值、社会价值在价值主义中得以可视化。在这些价值基础上形成的创新商业模式能够弥补资本主义的缺点。

在当下资本主义世界中，这两种现象已经存在了二十多年，习惯于市场经济和资本市场思维方式的人，应该会认为价值主义不现实。

他们大概会说“货币就得是由中央银行发行，经济就得由国家控制”“经济系统分散怎么可能获得平衡”等，或者“人们怎么可能为不实用的体验、感情付钱”“评价、信用能换钱，实在太可笑了”。大家应该都听过类似的言论。

从传统观念来看，的确很可笑，但社会常识每天都在变化。200年前，人们觉得中央银行控制货币这种说法很可笑；40年前纸币失去了黄金价值背书，当时也引起了争议。

过去被广泛认同的观念总是被新价值观取代，在新价值观即将被广泛接受时，又将出现产生新的价值观。

实际上，我们的观念都会随着时代的变化而变化。现在，日本全社会所谓的“常识”基本是指日本人口分布最集中的年龄段——45岁的人——所普遍持有的观念。

比如，从先前所讲的价值角度来看，现在30岁左右的人已经越来越不理解花重金购买房、车、手表等行为了。有些东西不买下来也没关系，要用时临时租借就很方便。对我们这一代人来说，房、车、手表等物品的价值很低。

现在50岁左右的人也理解不了手游付费、直播打赏、购买比特币等行为。看到那些为“毫无用处”、没有“价值”的东西付费的年轻人，说不定他们的长辈正忧心忡忡。

在此介绍的价值主义思维只不过是过渡期的思维方式，在未来10年左右的时间应该可以参考。相信本书的很多读者都对未来的价值观感兴趣，下一章我们将更具体地介绍未来的生活会发生什么样的变化。

第 4 章

从金钱中解放出来的生活方式

这一章我们将介绍价值主义普及之后个人的劳动方式、思维方式会如何变化。

现在已经有一些人靠做短视频和直播维持生计，也有人依靠云外包、C2C的一些App获取兼职收入，还有人用部分工资投资比特币。本章我们将介绍在这种趋势的变化中，什么样的人能够发挥力量。

人生具有“价值”的一代人

日本的80后被称为“千禧一代”，他们对于工作、人生的看法，和战后一代完全不同。

从二战结束到20世纪70年代期间，日本人经历了快速的经济发展时期，迅速摆脱贫困过上了富裕的生活。因而这一代人工作的动机是想变得更加富有，想要挣钱，想吃好吃的，想住上好房子，主要是为了满足这些单纯的物质欲望。

而千禧一代出生在日本社会整体变得比较富裕之后，他们出人头地的欲望并没有那么强烈。从出生时，他们就不愁吃喝，很难产生想买什么衣服、想吃美味食物的执念。不仅仅日本是这样，人类社会变得富裕之后，欲望就会发生变化。扎克伯格曾在哈佛大学发表了一篇毕业典礼演讲，他说：

> 今天我想谈谈“目的”。但我并不想发表一篇请你们找到自己人生目标的俗套演讲。我们是千禧一代，本能地就会去寻找自己的人生目标。我今天想说，只找到自己的人生目标远远不够。我们这一代人的课题是在度过一个有意义的人生的同时，创造世界。推动社会发展是我们这一代人的课题。不仅要创造新工作，还必须创造新“目的”。

这番话意味深长。也许上一代人听到会觉得非常可笑。虽然我也是千禧一代，但我的成长环境和上一代人更相近，扎克伯格的这番话我只能同意一半，另一半就有违和感。

扎克伯格认为，衣食住行等基本生活需求满足之后，人类在物质欲望方面已经得到了满足，很多人不知道应该再去追求什么。很多人因此失去了人生的目的、方向和意义。所以我们要创建一个人人都能有人生意义和目标的世界。

千禧一代的先辈们经历过物质匮乏的朝代。为了弥补这种匮乏，他们拼命努力，因而有着明确的方向。继承了这种努力成果的一代人衣食住行都得到了满足，不知道应该朝着什么方向努力。这种人生没有方向的感觉给很多人带来不幸，这也是事实。上一代人或许会训斥他们“身在福中不知福”，但实际上这个问题现在已经非常严重，越来越多的人感觉到了失去人生方向的危机感。

千禧一代什么都不缺，所以不知道为什么要努力。因此扎克伯格主张，没有因缺乏物质而产生的欲求，就要用自己的双手人为地创造出“意义”和“目的”。人生的意义、目的是从欠缺、欲求不满的状态中产生的。那么在什么都不缺的世界里，人生的意义、目的反而变得更有价值。

这种趋势正在进一步加速，人类肯定会从追求物质满足转向追求精神满足。今后每个人都会有自己的人生意义、目标，那些能够给予人们人生意义的事物，其价值将逐渐上升。

谷歌、脸书等最近急速扩张的企业，它们都有一个共通点就是有着简明易懂的使命。谷歌的使命是“组织全世界的信息”，脸书的使命是“让世界连接更紧密”。这些企业的使命都是为了解决一些社会课题，企业的员工因此而被赋予了不同寻常的工作意义。

谷歌、脸书等企业之所以能够吸引众多优秀人才，不仅仅是由于给员工提供高工资、好福利和自身的品牌优势，还在于企业赋予员工人生的意义和目的。

今后给他人提供人生意义、目的的行为和组织也将具有经济价值，满足这种意义、目的的组织和人将能引领社会。扎克伯格察觉到了很多人的需求，并尽力满足。

马斯洛的“人类需求五层次”理论认为，在最顶层的“自我实现需求”之上，还有想帮助全世界的利他需求。今后随着社会的变化，人们的需求也会发生变化。

年轻人要着眼于内含价值

在价值主义世界中，什么样的工作方式、生活方式才具有人生意义呢？答案非常简单，那就是将来从事自己所喜爱的事业，喜爱程度越深事业就越顺利。

在资本主义经济系统中生活几十年就会习惯于将赚钱设为人生奋斗的优先目标。利益高于一切，资本主义经济中一定要考虑合理性和投入产出比。生活中以金钱回报多少作为标准来进行人生决策的场景特别常见。就业就是典型的例子，很多人的选择是哪个公司工资高，就去哪个公司就职。

在价值主义里，这一前提已经崩塌。因为金钱的相对价值正在不断下降。千禧一代的金钱欲望逐渐变低，赚钱不再是驱动人们行动的动机，以金钱为优先级的行为准则和人们的精神需求不再一致。今后如果基本收入制度能够在人类社会普及开来，金钱的价值将进一步降低。

从竞争战略来考虑，决策时最优先考虑金钱收益实际上并不正确。发展中国家另当别论，日本经济发展已经陷入停滞状态。今后由于日本社会少子老龄化和人口减少，经济发展的规模将进一步缩小。

社会中商品、服务的供需已经达到饱和状态，新陈代谢停止，产业结构缺乏变化。大企业一直屹立不倒，高层人士一直占据重要位置。经济一旦开始衰减，人们就会去争抢剩余的蛋糕。

日本现行的经济中，二三十岁年轻人之间的竞争相当激烈，却没什么意义。现在的日本职场人士基本都会感觉，回报与努力并不成正比。

但是，如果我们着眼于价值而不是资本，就会有无数机会。资本主义体系中存在着很多现在体现不出价值的东西，我们只要聚焦于这些事物就可以了。从使用价值上来讲，物品、服务供应已经处于饱和状态，并且由于这些生产与服务与资本紧密相连，竞争非常激烈。

相反，在日本现行的资本主义体系中，上一代人很难认识到人类的内含价值，这其中还有很多机会。同感、狂热、信赖、好感、感谢等内含价值没有找到适当的实体去承载，所以价值的体现非常模糊不清。但是很多人都切切实实感受到了它们的价值，这成为驱动经济的原动力。而老一辈人就非常不理解游戏付费、直播打赏的年轻人。

这是因为游戏、直播的价值，在现有经济中都不被当作使用价值。年纪越大的人，越会认同经济价值就是产品、服务的使用价值。实际上内含价值大有机会。

自千禧一代才开始重视内含价值，上一代人很难理解。我们在考虑今后的工作方式时，要聚焦于如何认知内含价值。

从“赚钱”变成“热爱”

如果内含价值能够驱动经济，那么未来的成功法则可能会与现在完全不同。越想着赚钱，越赚不到钱。只有真正热爱某件事的人，最终才能获得收益。未来将和现在的情形完全相反。

原来成功的秘诀在于以经济利益为中心，最大化个人利益。如果从内含价值出发，因果关系就会倒转。全身心投入到热爱的事业中，最终肯定能获得收益。反之如果做什么事都以利益为重，可能很难获得收益。

要是现在有两位歌手，一位为了获得商业成功而唱歌，一位则是真正热爱音乐，大家会支持哪位呢？会对哪位产生认同和好感呢？大部分人都会选择后者。即便是发布短视频、视频直播，如果真正享受、热爱制作自己的节目的人，就会有人气。对他们来说，经济上的成功是结果，赚钱只是目的。

利益优先是实用性价值的思维方式，完全不适用于内含价值。简单来说就是有用、有好处，和开心、同感完全无关。传统经济以有用性价值为前提，不认可没有任何使用价值的事物的价值。内含价值既不是商品，也不是服务。

但是同感、狂热、信赖、好感、感谢等内含价值在社交网站上呈爆发性趋势并逐渐蔓延开来。现在几乎所有人都有手机并时常在线，已经具备了瞬间传播与某种感情和力量相关信息的环境。

现在中国的电子商务盛行通过视频直播销售商品。中国的一些受欢迎的女艺人在京东等大型电商网站上售卖小龙虾。

据说，利用这种直播的方式，有的明星4分钟就卖出了45万只小龙虾。尽管小龙虾在中国的超市里很容易就能买到。

但用户通过直播渠道购买不仅为了满足食欲，还是由于感觉到了期待、支持偶像等感情的价值，所以才付钱。

由于虚拟货币、通证经济的普及，网络的基础设施逐步建全，过往那些看不见的价值也能经由网络瞬间传播。物品、服务等供应已经趋于饱和，越来越难以发挥使用价值，很多千禧一代转而探索人生的意义。在这种大背景下，能够提供满足内在欲望价值的活动将很容易获得成功。

满怀热情感染他人并努力拼搏，实际上可以说是未来的成功捷径。社会需要、追逐他人等事将不再有任何意义。因为独创性、独特性、个性才是最重要的内含价值。有了这种独特性，才会有价值。

如果从独特性、个性的角度来看，有时在工资高、受欢迎的知名企业里工作，也没什么价值。

传统市场经济认为，大企业的部门经理有着很高的人力资源价值，但高管的价值依存于企业给定的职位，完全可以替代。

此人退休时，价值就被下一任部门经理继承，不会变成他本人的资产。如果没能通过工作掌握独特的技能、经验，就没法提高自己的价值。

有人说，争论“秋刀鱼和市中心哪个更有意思”这种话题是没有意义的。实际上它们都有价值，萝卜青菜，各有所爱。追求独特风格、个性的人，自然会有狂热的粉丝追随。

研发出DoCoMo公司i-mode商业模式的夏野刚曾经说过，“创业者要是想变成谁，也就完了”。创业者的价值在于其独创性，当创业者想要变成其他人时，就陷入了一种自我矛盾。

在内含价值的世界中，寻找自己热爱的事业而不是追求比较优势，去追求独特性才是成功的捷径。

放任不管，人心立刻就会“生锈”

也许有人会问，如何才能找到热爱的事业呢？首先想想什么是自己干一整天也不觉得痛苦的事，或者别人一直夸奖自己擅长的事以及自己想做的事。仔细回想一下，就能发现自己真正的热情所在。

所有人在儿童时期都有过热爱某件事物的经历。但是在中小学期间，由于课业压力，大家逐渐忘记了自己的兴趣所在和热情源泉。

人类的精神不可思议，如果不是有意识地提醒自己，我们会立刻忘记自己刚刚对事物产生的感觉。随着时间的流逝，曾经的热情也会埋在心底，尘封在日常琐事之中，连自己做过什么都回想不起来。我管这种现象叫作“心灵生锈”，任何人都有可能陷入这种状况。

人们经常说，“少年不识愁滋味，为赋新词强说愁”，我认为这恰恰是青少年的心灵没有生锈，能够非常敏锐地感受到很多事物，接触世界就会对很多事物感到触动或悲伤。如果心灵生锈，人就会麻痹，不管看到什么，都不会动容。

现代学校教育建立之初，是为了培养在组织中能够行动统一的士兵。今后人工智能化的社会不再需要士兵，学校教授知识的简单工作机器全部都能承担起来。

与日本学校教育相反的“蒙氏教育法”专注于拓展孩子的兴趣。据说谷歌、亚马逊、脸书的创始人都是接受的蒙氏教育。

如果将来内含价值越来越重要，那么了解自己的热情所在并有能力深入挖掘的人将有很大优势。除此之外，能够激发他人热情、除去心灵“铁锈”的人可以发挥极大价值。

未来我们将不再需要在别人建立的体系中活动，必须通过和自己的对话，找到自己热爱的事业。

不为钱工作，为提高价值工作

在价值主义的世界里，人们对于就业、跳槽的想法会大为不同。简单来说，未来只要提高自己的价值就万事大吉了。

在传统的工作方式中，人们会根据哪家公司给出的工资高、哪家公司更稳定来选择就业单位、跳槽单位。

我们前面已经讲过，现在将个人价值转换成收益的环境正在不断建全，真正有价值的人将不再有隶属于某个公司工作的必要性。对他们来说，公司只是发挥自我价值的多个渠道之一。个人收入来源依赖于一个公司的情况也会发生改变，平行职业将能确保个人获得多种收入来源。

其中最重要的还是个人价值。只要能够提高个人价值，就能把这种个人价值换成金钱或者其他价值。其他价值包括技能、经验等实用性价值，同感、好感等内含价值和信赖、人脉等人际关系的社会价值。

原来这些价值都是企业经营中的事业战略、社会责任、品牌推广的相关业务，现在个人层面也必须要重视这些价值的建设。

那么，在选择就职企业时，我们就要选择能够使自我价值最大化的环境。如果以离职时自己的人才价值是否提高为基准，那么选择企业的优先顺序将和现在以企业年薪、人气的排序标准完全不同。

因此，即便是就职于大公司、收入高且稳定，但如果工作没有创造性，整天都在做一些整理文件、盖章之类重复单调的工作，员工的人才价值不但没有提高，反而可能下降。而且这些工作岗位几年之后就会被机器替代。

反之，如果工作不够稳定，收入也不高，但是工作中能够和平时见不到的人物联系、交谈，能够展开自由不受束缚的想象，能够掌握有价值的技能，这种职场就可以提高个人的各项技能。现在想创业的人都用这种标准来选择工作，但是在未来的个人时代，所有人都要以能否提高自我价值的标准来选择工作。

在每天的工作中，我们要常常扪心自问，现在的工作能否真正提升自我价值。如果不能，即便收入很高，也应该去寻找其他职业路径。

从系统内的竞争变为建立系统的竞争

迄今为止，很多人都是在资本主义这个大的系统内互相竞争。在资本市场中，积累资本越多的人，就越有权势。

今后我们将从价值出发，彼此竞争，建立自己独特的系统，即不再是系统内的竞争，而是建立系统的竞争。为此我们需要根据自己的兴趣和热情，了解并培养自己的价值，然后以自我价值为中心建立一套独特的经济系统。

比如，艺术家要多发布一些信息，尽可能让更多的人看见自己的作品，和那些对自己的作品感兴趣、有好感的人增加联系，了解自己的独特性，然后进一步钻研。其他人的兴趣、认同感将会成为自己宝贵的资产。

我们必须要有实现这些价值建设的科技手段，同时也必须深刻理解人类的欲望。技术终归只是技术，如果能够广泛应用，任何人都能够掌握这些技术。

最重要的还是要坦诚面对自我，发现自己的热情所在，并认真发展自我价值。

第 5 章

正在加速的人类进化历程

随着价值主义的发展，如果经济系统中认可了那些除了收益等使用价值之外的内含价值以及有助于全人类的社会价值，社会将如何变化呢？本章将从人类社会的广阔视角而非个人生活来考察这个问题。

大量“热钱”涌入不能变现的科技行业

“后资本主义时期”的经济变化促使科技急速发展，掀开了人类史上的新一页。

文艺复兴时期，意大利因对外贸易迅速富裕起来。通过贸易、金融活动积累了巨量财富的美第奇家族等大富豪用闲余资金支持艺术家的创作，最终促进了近代艺术的发展。

得到宗教势力支持的牛顿等科学家发现了各种物理法则，引起了工业革命；工业革命形成的经济基础导致了巨大的社会变革，从宗教时代转变为民主主义、资本主义、科学的时代。

自由、平等以及其他我们信奉的价值观大多建立于这个时代，而且延续两百多年。人类社会发生大变革时，无一不是充分发挥了人类的想象力，并具备了相应的经济基础。

本轮经济变革期间，社会加速了对高科技的投资，之前由于赚不到钱而无处融资的高科技行业有希望成为推动人类社会大变革的导火索。

在当今资本主义世界处于垄断地位的硅谷大公司——苹果、谷歌、亚马逊、脸书等企业产值规模甚至都超过了一些小国家，这些企业都把多余的资金投入到新科技的研发中。硅谷的大公司就如同工业革命时代的铁路公司、石油公司、大型银行，当时正是这些企业向新科技研发投入巨额资金，最终发明了电力、汽车等现代生活的基础设施。当时给予爱迪生科研资金资助的也是摩根家族。

由于虚拟货币、区块链等全新经济形态的诞生，除了来自大企业的资本之外，社会资本也为新技术的研发投下了大量资金。2017年ICO的融资额已经突破2 500亿日元，超过了风险投资基金的出资总额。过去向谷歌、脸书等新型科技公司提供融资的是风投基金，但现在主要是虚拟货币的ICO承担融资功能。

大型IT公司利用闲置资金不计成本地投资于科技研发，新兴企业从虚拟货币经济体系中融资，从而推动新科技的发展。

现在正处在投资的“黄金时代”，资金也开始流向那些以前投资家从不考虑的项目，比如基因医疗、太空探索、新能源开发等领域，现在相关项目融资也很容易。长远来看，投资将推动这些领域的研究进展和技术进步。

这30年间研发出的新科技带给人类的冲击，远远大于工业革命时期，人类正在进入一个全新的世界中。一些学者将其称之为“奇点”，现在的货币、经济创新使得“奇点”进一步加速。

未来人类社会大部分劳动都能实现机器自动化，人类将从盲目追求金钱、重复劳动中解放出来。人类不必为了生存去工作、去赚钱。由于全面实行基本收入制度、生活基础设施无偿化以及通证经济等多重经济系统的实现，很多人可以过上最低限度的生活。

我们的子孙后代大概会说：“爷爷的年轻时代一整个星期几乎都在干不想干的工作，太可怜了。”他们看我们这些先辈，大概就像现在我们看待旧时代被身份制度束缚的市民一样。

电子国家的诞生：爱沙尼亚

传统的国家和国民之间的关系也在变化。一直以来，国家拥有领土，发行货币、控制经济、制定法律，利用警察、军队等国家机器维持治安。

至此各位读者大概都已经明白，由于技术的进步，发行货币、控制经济等举措已经不再局限于国家的专营特许。

在虚拟现实中，空间能够无限生成，因此一个国家拥有物理领土的优势正在逐渐。随着虚拟货币、区块链的普及，在货币、经济领域需要国家干预的必然性也逐渐减弱。

智能合约也能降低政府在法律方面发挥的作用。智能合约就是一段写在区块链上的代码，一旦某个事件触发合约中的条款，代码就自动执行。它利用了区块链难以篡改的特性，即便没有法院、执法者的强制力和监督作用，合约也能自动履行。

最后是军事方面，警备、战争等军事活动将以无人机、机器人作战为主，未来的战争也是网络攻击为主，有可能不再需要大量经过训练的士兵和军官。

不论是现实中还是理论研究层面，现在将政府功能电子自动化并用科技替代的基础正在不断形成。

今后的国家形态将如何变化呢？

爱沙尼亚向我们展示了一种未来的可能性。爱沙尼亚是一个只有130万人口的欧洲小国，人口总数约等于日本的青森县。爱沙尼亚是即时通信软件Skype的发源地，它以“数字化国家”“无国境国家”为目标，积极在国家运营中引入新科技。

爱沙尼亚率先引进了电子投票系统，居民使用电子身份证，还将政府的各种行政手续和服务电子化。此外，爱沙尼亚还建立了电子居住权制度。电子居住权就是一种“国家版”的网络用户会员。国外的创业者只要提出申请，就可以作为虚拟的爱沙尼亚国民开设银行账户、设立法人公司。

爱沙尼亚最近发行了虚拟货币——爱沙尼亚币，显示出将来实施ICO的可能性，引起了广泛热议。欧洲的统一货币是欧元，但是爱沙尼亚政府另外发行了虚拟货币，并将融到的资金投入区块链等新科技研发中。

过去仅有600万人口的小国新加坡大力发展金融行业，实现了快速经济发展，成为亚洲强国。爱沙尼亚想大力发展互联网等信息科技，发挥全球化的影响力。

像美国、中国等在国际社会拥有巨大影响力的大国，应该不会急于引进这类的新制度。但是那些现在国际社会中没有巨大影响力的国家，很有可能正在积极运筹帷幄，筹划建立新型国家制度。

我个人认为国家的形态会朝着三个方向演化。第一种变化是未来像爱沙尼亚那样的高收入国家会建立完全不同于中美的另外一套全球化标准。

第二种变化是未来全球大型IT企业将利用新科技在实质上发挥国家的功能。比如，谷歌、脸书等企业的社会影响力在某些层面已经显示了一些效果。未来这些私人企业很有可能提供类似政府的行政管理功能，并能提高行政服务的质量。

第三种变化是未来默默无闻的共同体可能抱团成立一个虚拟国家。

如果今后出现新型的电子国家，全部在网络上运行国家功能，我也丝毫不觉得惊讶。

“现实”也能选择的未来时代

人类如果从劳动、金钱中解放出来，会有大量空闲时间。届时娱乐将成为支柱产业之一，人们会去追求如何让精神充实愉悦。为了追求精神层面的满足感，人类的创造性会得到充分的发挥。伴随着VR、AR、MR等科技的发展，文化产业会朝着我们想象不到的方向扩张，甚次形成二次“文艺复兴”。

人们不再去电影院或在家里看电影，而是通过VR沉浸式体验化身成影片中的主人公自娱自乐，画面、气味、触觉等都能够逼真模拟。如果能将这种代入感发挥到极致，娱乐带来的体验就和现实没有什么差别。

这种人类精神文化方面的技术进步也会导致我们的价值观和思维方式发生改变。比如我们现在演讲或开会时经常用到

PPT，利用可视化的图表能让我们直观地把握各种情况，不需要过多言语。过去没有PPT和Excel时，就很难共享复杂的抽象概念。

如果能在三次元、甚至是四次元里简便地实现共享，会发生什么变化呢？比如我们开会时，可以利用VR、AR技术实现模拟项目成果的多种模式展示，辅助以时间轴变化，我们还能比较新产品和使用时长3年后的产品的不同，不需要准备很多资料就能进行各种决策。如果人类能够熟练运用这些提高大脑模拟能力的工具，就有望提升思考能力和决策效率。

除了利用新型设备强化、拓展现实以外，将大脑与计算机相连的科学研究也在飞速发展，正在改写人类的认知体系。

脑机融合感知（Brain-machine interface，BMI）是使大脑和电脑直接连接控制大脑本身或利用大脑控制计算机的技术。

视觉、听觉、味觉、触觉、嗅觉等都是人类大脑产生的感觉，如果计算机能够直接控制大脑，五官会分辨不出虚拟还是现实。由于视觉等是大脑产生的感觉，如果借助计算的力量人们能看见紫外线、看见人的热量，这个世界看起来也许会和现在完全不同。

如果VR、AR、MR技术或脑机融合感知技术能够发展起来，人类很有可能最终拥有选择“现实”的能力。人们可以在几个现实通道之间来回切换，选择自己感觉最舒服的一个当作自己的“现实”世界。虽然这听起来感觉不靠谱，但是现实生活中我们周围也有活在二次元里的人。

比如，有位视频女博主经常头戴发卷出门，只有在拍摄需要上传到视频网站的照片时，她才把发卷取下。对她来说，视频平台的世界才是自己最主要的“现实”世界，除此之外都是“次级世界”。如果能从金钱、劳动中解放出来，很多人都会转而去追求精神层面的满足感，如果能够利用VR、脑机融合感知等科技帮助人们实现精神层面的高层次享受，一定会吸引大部分人参与其中。

现在我们很难想象那种环境的未来，原因在于我们生活在这些技术出现之前的世界里。如果从出生时，一个人的生活中就已经存在这些技术，这样的一代人应该能把VR等技术当成是便利的工具。

我小的时候也经常听人说，小学生痴迷电视游戏将来会发展成为一种社会问题。童年生活中还没有电视游戏的父母一辈看见一直趴在电视机前玩游戏的小孩，肯定会感到担忧。

然而，科技的发展从未停止。便利且能满足人类欲望的新事物不断出现，随着时代的变化渗透到社会的各个角落。如果能够选择多重“现实”，人类或许将发展出完全不同的欲望。

假如VR性能大大提升，提供的沉浸式感官感受几乎和现实一模一样，人们就能利用VR的应用软件自由地在几个世界里来回穿梭。

人们可以在逼真的虚拟空间里和朋友聊天、讨论工作。而在现实的物理空间中，AR、MR技术的使用，也能在现实空间中混合一些虚拟事物。

大家可以分别使用社交软件为用户提供的多种虚拟空间，以不同的视角和他人交流。每天用户耗时最长的一般都是自己待着最舒服的虚拟空间，大脑或许会自动把用户消耗时间最多的世界当作“现实”世界。

承认欲望是人类自古以来就有的根源性欲望，社交软件将这些欲求可视化，任何人利用社交软件能得到承认欲望的满足。这一需求不断增加，已经成为一种主流需求。

如果能和他人分享自己的视觉、听觉、味觉、触觉、嗅觉等感官方面的数据，人们也许会产生和他人分享自己的“欲望”之类的新欲望。

不仅仅是看过的风景，人们还可以和他人分享气味、味道、感情等所有感官和心理体验。社交软件上，人们热衷于和他人分享美食、美景、美物，如果技术进一步发展，人们就能分享更多的事物。

人类经济体将突破大气层

我们之前讲过，经济变革满足人类精神欲望的趋势正在进一步加速，此外经济变革还将向另外一个方向扩展，那就是空间扩展。宇宙开发将加速，未来宇宙空间也会成为人类经济体的一部分。

科技有好几种深远的意义。

首先，所有科技都具有拓展人类的能力。蒸汽机、发动机拓展了人类的空间活动能力，电脑、AI、VR技术则拓展了人类的精神世界。

其次，科技的普及能够教育人类。人类社会发明了金钱，又被金钱所束缚；发明了电脑，又依赖于电脑。

最后，科技都是由近及远，不断向更广阔的空间扩张。所有的科技原本都是受到人类掌控的工具和机器，但其中一些科技也出现了脱离人类的控制实现自我运转的趋势。

科技发展的极限就是地球以外的宇宙空间。

以美国为代表的太空开发产业正在蓬勃发展，势头就像2000年左右的IT产业，各种创业公司如雨后春笋般出现，投资不断加速。其中埃隆·马斯克创建的SpaceX公司成功地进行了火箭回收，使火箭发射成本迅速下降。或许几年之后，人类就能低廉地发射更多火箭，太空成为人类生存圈的可能性大幅提高。

如果太空旅行就像海外旅行一样方便，相关的娱乐产业也将繁荣起来。此外，如果能够发射1 000多只人工卫星，从太空向地球提供无线网络信号，建成覆盖全球的“太空通信网络”，那些缺少基站的发展中国家就也能用上廉价的通信网络了。

如果能够实现在太空中利用太阳光发电，然后输送到地面，人类就能用上从太阳获得的无限而清洁的能源了。

如果太空能够为地球提供通信和能量，人类经济系统向太空扩展的趋势将更具现实性。

金钱只是工具

我们刚才讲述的都如同科幻小说一般虚幻，那么最后我想探讨一下更加现实的问题——我们对待金钱的态度以及金钱和感情的距离。

本书开篇我就说过，人们提到金钱，经常抱有各种负面的感情。

我个人以前对于金钱也抱着非常负面的情绪。曾经人生的选择范围因缺少金钱而缩小，由于没钱留下了很多悲惨的童年回忆。在这些经历中，我逐渐形成了“金钱令人讨厌”的偏见。

但是，我在经营公司分析各种与金钱相关的数据过程中，打破了以往的偏见。我终于能客观地把金钱、经济理解成一种现象，能将金钱和感情区分开来。

大家听到“差距”这个词会联想到什么呢？很多人应该会感觉差距是一种负面的、不好的东西。一旦对这个词抱有负面感情，为了安抚自己的情绪就想要找出一个“始作俑者”。

大家都在以自身的感受为主线寻找答案，希望找到世间烦恼的根源，找到一个大家容易接受的“替罪羊”，群起而攻之来排解郁闷之情。情感上的不满因此消除，郁闷情绪因此烟消云散，但永远都解决不了现实存在的“差距”问题。雪崩的时候，没有一片雪花觉得自己有责任。单独个体不能造成差距，整个社会都是造成差距的原因。

这就是带着感情偏见看问题的后果。本来应该致力于解决“差距”这种结构性的缺陷，但实际上被偷梁换柱成要去消除人们的不满情绪，这是一个非常典型的案例。

近代法国大革命时期的“断头台”演化成市民的“娱乐性”活动。那时民不聊生，很多人都对政府不满（他们的不满后来成为法国大革命的根源）。简单来说，断头台成为消除民众不满而设置的一项“娱乐活动”。人们把对生活的不满都投射到断头台上那些被处刑的“坏人”身上，“坏人”的死能够宣泄民众的不满与怨气，人们的忧愁似乎就此烟消云散。但是，这些人被处刑之后，世间的困苦并没有发生任何变化。如果人们又产生很多不满，那就再来一个“替罪羊”，不断重复。而最后这种方式也无法再消除民众的不满情绪了。

本来我们应当考虑经济系统的结构性缺陷并着手解决。我们却倾向于找到一个坏人来惩罚出气。这是因为相比分析经济结构、建立解决制度，找到一个坏人吊死他要轻松得多。如果很多人接纳了这种方式甚至给予好评的话，大家就更容易从众。即便现在，我们也经常见到一些产业和组织利用这类“简易方法”消除民众不满情绪。

我们在第一章已经讲过，“差距”是有机网络循环产生的一种“物理现象”。在不断重复过程中，事物逐渐产生偏差，自然就会产生差距。我们应该在理解这种现象和结构的基础上，思考什么样的制度可以防止差距固化，使整个社会富有活力。如果只是不断重复去消除眼前的不满情绪，那么永远都找不到真正的问题和解决方法。

如果想真正解决金钱、经济问题，就必须剥离自己对金钱所寄付的感情。在理解金钱、经济运行特征的基础上，将这些元素当成有利于提升自己的工具熟练运用。

很多人觉得有钱人都是“拜金主义者”或“守财奴”，实际情况可能完全相反。越有钱的人，越是把钱当成和纸、剪刀、电脑同样的“工具”。真正能把握财富的人对金钱没有任何感情。正因为他们只把金钱当成一种便利工具，对待金钱毫不动摇，才能一直冷静地做出判断。

越是陷入金钱困境的人，越对金钱抱有特别的感情。我也是这样。过去因为没钱导致的穷困、不安使我对金钱产生了一种特殊的感情，认为金钱不仅仅是一种工具，还具有很多意义。要想正确对待金钱、感情，就要将金钱和感情分离，把金钱看成一种单纯的现象。

也许在“通证原住民”一代出生时，这种论调已经没有了意义。那时人们自然地而然地认为金钱只是一种工具。我们有可能会变成最后一代认为金钱有特殊意义的人，让那一天早日到来是我们这一代人的使命。

最后，我真心希望本书的读者能够深刻理解金钱是一种工具，能够顺利融入方兴未艾的新经济，去实现自己的梦想。

结　语

感谢各位读者阅读本书。

本来我是想总结一些自己在实践经验中获得的金钱知识，将其出版。现在能够完成这本书的写作，我感觉非常开心。

回想起来，这12年间我一直都在坚持做一件事。一旦自己有了什么疑问，就会立刻收集相关信息，博览群书，建立自己的假设然后再去检验。周而复始，直到出现下一个疑问。我经常在周末整理信息，建立假设，在工作日进行检验，周末再以平时得出的结果为基础提出下一个疑问和假说。

那就像是发掘遗址，也像是剥洋葱。

那种感觉就像考古挖掘时挖到了什么重要的东西，也像是剥洋葱时不断接近中心的感觉。耐着性子继续下去，有时能够发现非常重要的规律，看起来毫不相关的事物都存在着普遍性，自己的认知经常因此被颠覆。这个过程每每都带来强烈的冲击，我感觉自己正在接近这个世界的真相，想立刻就去检验自己的认知正确与否，有时也会涌现出其他的疑问，整个人处于快乐物质不断分泌的状态。

通过这种体验获得的刺激太大，相比而言日常生活中的寻常快乐就显得非常无聊。因此我一直沉迷于这种探索求知活动。

本书到此将告一段落，未来人类社会还将诞生很多新科技、新概念，我们人类积累的知识也会不断更新。狂热的探险者们将会揭开这个世界的真实面目，并让世人震惊。

爱因斯坦曾经说过：“想象力比知识更重要，因为知识是有限的，而想象力可以概括世界上的一切。一定要保持疑问，不要失去神圣的好奇心。”

爱因斯坦颠覆了牛顿发现的常识，而那些常识当时被视为绝对真理。现在爱因斯坦发现的规律也即将被新的发现再次颠覆。

所有的常识、概念全都只是人类“想象力”的产物，只不过是一种“半成品”，终将被下一代人改写。没有什么“必须有”的事情，人类能把任何想象变为现实，能完成任何目标。我们不能缺少的是爱因斯坦所说的“好奇心”和“想象力”。

随着年龄的增加，人就会积累很多观念和偏见，被社会的陈规旧俗所束缚，很难依照事物的客观面貌展开自由的想象。

最典型的偏见产物就是金钱，要是本书能够促成读者去自由展开想象，思考是否除了金钱，还有别的切入点，那就太好了。

在此我衷心地感谢本书出版过程中我的编辑。人类的热情会传染。和发自内心热爱自己的工作并乐在其中的人一起工作是非常快乐的。我的编辑的工作方式要领先于本书介绍的价值主义生存方式。能够通过写作和出版这本书认识这样的人，对我来说是有内含价值的。

我本人也期待今后的新世界是一个能让人欢呼雀跃、热切期盼的世界。感谢各位读者的阅读。